Margret Stukenbrock

Heilmittel Weihrauch

Geheimnisvolle Kraft aus dem Orient

Urania

Die Deutsche Bibliothek – CIP-Einheitsaufnahme
Stukenbrock, Margret:
Heilmittel Weihrauch : geheimnisvolle Kraft aus dem Orient / Margret Stukenbrock. - Berlin : Urania, 1999
ISBN 3-332-00518-9

Umschlaggestaltung: Behrend & Buchholz, Hamburg
Titelbild: Solitär, 63931 Kirchzell
Fotos: Digital Vision (1), Dr. Christian Kaplan (10), MEV (1)
Redaktion und Produktion: MediText, Stuttgart

Druck: Magdeburger Druckerei
Printed in Germany
Gedruckt auf alterungsbeständigem Papier und chlorfrei gebleichtem Zellstoff

Die Ratschläge in diesem Buch sind von Herausgeber und Verlag sorgfältig erwogen und geprüft, dennoch kann eine Garantie nicht übernommen werden. Eine Haftung des Herausgebers bzw. des Verlags und seiner Beauftragten für Personen-, Sach- und Vermögensschäden ist ausgeschlossen.

Die Autorin:
Margret Stukenbrock ist Autorin zahlreicher schulmedizinischer und naturheilkundlicher Ratgeber.

Zum gleichen Themenbereich sind im Urania Verlag erschienen:

Dr. med. W. Brückle: Fibromyalgie,
ISBN 3-332-00613-4

Prof. Dr. med. G. Wessel/S. Carlsson:
Die erfolgreiche Rheuma- und Gicht-Diät,
ISBN 3-332-00590-1

Michael Krüger: Autogenes Training,
ISBN 3-332-00569-3

ISBN 3-332-00518-9

Für die freundliche Unterstützung bedanken wir uns bei der katholischen Kirchengemeinde St. Michael in Stuttgart-Sillenbuch.
Weihrauchharz und Räucherstäbchen erhalten
Sie bei: La Florina GmbH & Co. KG
Auf der Tannenhöhe
35327 Ulrichstein
Tel.: 0 66 45/91 93 25
Fax: 0 66 45/91 93 26

Inhalt

Ein paar Worte vorweg

In vielen Zeitungen und Zeitschriften, im Fernsehen sowie im Internet stößt man seit neuestem immer wieder auf Berichte über die Heilkraft von Weihrauchpräparaten. Danach soll Weihrauch in Kapselform bei rheumatischen Erkrankungen und bei schlecht therapierbaren chronisch-entzündlichen Darmerkrankungen Linderung verschaffen. Er soll sogar effektiv im Kampf gegen bestimmte Arten von Hirntumoren eingesetzt werden können.

Was ist nun dran an diesen Berichten? Ist Weihrauch, der bereits in der Antike zu Heilzwecken eingesetzt wurde, ein neues Wundermittel oder sind die Hoffnungen, die viele nach diesen Meldungen in Weihrauchpräparate setzen, vollkommen überzogen? Auf diese und eine Vielzahl weiterer Fragen will dieses Buch Ihnen detailliert und dem neuesten Stand der Forschung entsprechend Auskunft geben.

Zu Anfang dieses Buchs erhalten Sie in einem kleinen geschichtlichen Abriss Informationen, zu welchen Zwecken Weihrauch bereits in früherer Zeit verwendet wurde. Anschließend erfahren Sie, wie Weihrauch gewonnen und verarbeitet wird und welchen Stellenwert er in der altindischen Medizin besitzt.

Das darauf folgende Kapitel behandelt ausführlich die Inhaltsstoffe des Weihrauchs und deren Wirkung. Im Anschluss wird dargestellt, bei welchen Erkrankungen sich Mediziner Behandlungserfolge mit Weihrauchpräparaten versprechen bzw. schon Erfolge erzielt haben. Natürlich erfahren Sie auch, wie Sie Weihrauch effektiv gegen kleinere Beschwerden einsetzen können und welche positiven Wirkungen er auf die menschliche Psyche hat.

Margret Stukenbrock

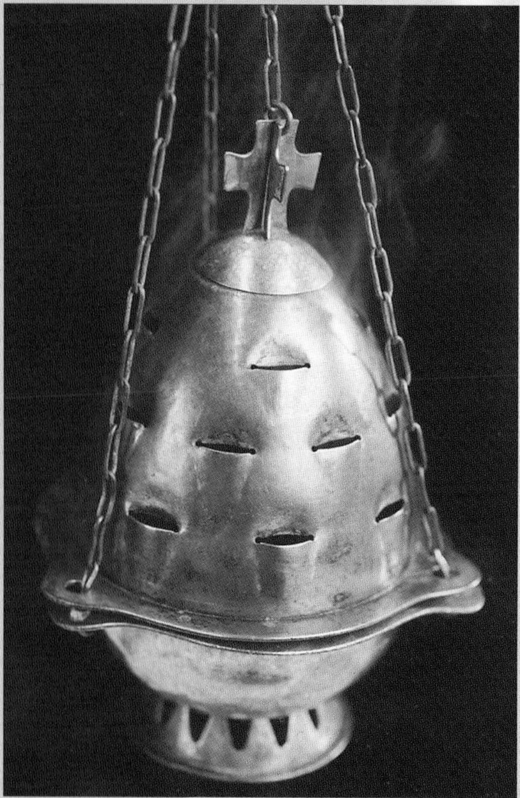

Weihrauch – uralt und doch aktuell

Genau datieren lässt sich die erstmalige Verwendung von Weihrauch nicht, doch man vermutet, dass sich bereits zwischen 6000 und 4000 v. Chr. Menschen an dem Wohlgeruch des aromatischen Gummiharzes ergötzten. Unter anderem zeugt die Existenz antiker Räucherschalen davon, wie sehr Weihrauch vermutlich schon im vierten Jahrtausend vor unserer Zeitrechnung geschätzt wurde.

Weihrauch – mit diesem Wort verbinden viele von uns heute nur noch das Räucherwerk, das von der katholischen Kirche zu besonderen Anlässen verwendet wird. Wie Weihrauch aussieht und zu welchen weiteren Zwecken er genutzt werden kann, wissen jedoch die wenigsten.

Weihrauch – ein kostbares Gut

Wenn von Weihrauch die Rede ist, meinen die meisten das Harz des Weihrauchstrauchs – nicht die ganze Pflanze. Dieses Harz wird mit seinem lateinischen Namen genauer als Olibanum bezeichnet. Das Harz ist ein sehr kostbarer Rohstoff, denn Weihrauchsträucher finden nur in einem relativ kleinen Teil der Welt einen optimalen Lebensraum vor und sind dementsprechend selten. Sie bedürfen besonderer klimatischer Verhältnisse und einer bestimmten Bodenbeschaffenheit, damit sie gedeihen können. Zu große Mengen Regen vertragen sie nicht, weshalb sie sich vorrangig in niederschlagsarmen Gebieten wie im Osten Indiens und auf der südarabischen Halbinsel angesiedelt haben.

Zu eng beieinander stehen dürfen die Weihrauchsträucher ebenfalls nicht, denn sonst gelingt es ihnen nicht, ausreichend Wasser aus dem kargen Boden zu ziehen. Der botanische Name dieses anspruchsvollen Gewächses lautet Boswellia. Es gibt rund 20 verschiedene Arten.

Weihrauchsträucher lieben trockene Böden, die zudem eine gewisse Menge bestimmter Mineralien enthalten müssen – sie gedeihen deshalb nur in wenigen Teilen der Welt.

Wichtige Arten des Weihrauchstrauchs

- *Boswellia carteri; Vorkommen heute: vorrangig in Oman und im Jemen*
- *Boswellia sacra; Vorkommen vorrangig im heutigen Somalia*
- *Boswellia serrata; im Osten Indiens beheimatet*

In diesem Buch wird vorrangig von dem in Ostindien beheimateten Weihrauchstrauch die Rede sein, den die Inder Sallai Guggul nennen. Aus seinem Harz werden die Weihrauchpräparate gewonnen, die von der Medizin für verschiedenste Zwecke erprobt werden.

Weihrauch in früheren Zeiten

Das Harz des Weihrauchstrauches weckte schon mehrere Jahrtausende vor Christus die Begehrlichkeit vieler. Denn schließlich wurde es für zahlreiche Zwecke eingesetzt: als Räucherwerk, um üble Gerüche zu vertreiben, als Parfümzusatz, zur Desinfektion von Räumen, aber auch als Mittel zur Desinfektion von äußerlichen Wunden. Der „geweihte Rauch" galt in vielen Religionen zudem als heilig und wurde den Göttern als Opfergabe dargebracht. Kein Wunder, dass das Harz des Weihrauchbaums so kostbar war, konnte aufgrund der begrenzten Anbaufläche der Weihrauchsträucher doch nur eine beschränkte Menge dieses Duftharzes gewonnen werden.

Weihrauch galt lange Zeit als wahres „Allzweckmittel".

Weihrauch – das Statussymbol

Mit Weihrauch wurde deshalb auch ein schwungvoller Handel betrieben. In der vorchristlichen Zeit waren es vor allem die Ägypter, Griechen, Perser und alten Römer, die Weihrauch in größeren Mengen einführen ließen.

Viele werden sich nun sicher fragen, warum nicht versucht wurde den Weihrauchstrauch in den Einfuhrländern anzusiedeln. In der Tat wurden solche Unternehmungen gestartet, doch erfolglos. Die ägyptische Königin Hatschepsut beispielsweise plante um 1500 v. Chr. Weihrauchsträucher zu importieren und in Ägypten anzupflanzen. Zumindest ein Teil der Sträucher muss Ägypten wohlbehalten erreicht haben, doch diese gingen in der ägyptischen Erde entweder nicht an oder sie gingen nach kurzer Zeit ein. Also mussten die Ägypter sich auch weiterhin damit abfinden, Weihrauch zu importieren.

Im alten Ägypten wurde Weihrauch noch zu einem weiteren Zweck verwendet: Man benutzte ihn, neben anderen Substanzen, um Tote einzubalsamieren und zu mumifizieren. Vielleicht sollten durch den Weihrauch zudem die Götter gnädig gestimmt werden, denn Weihrauch galt als Gabe der Götter.

Auch in der Bibel ist von Weihrauch die Rede. Zu seiner Geburt überreichen die Heiligen Drei Könige Jesus neben Myrrhe und Gold

Weihrauch. Daran ist abzulesen, dass Weihrauch auch noch zur damaligen Zeit als große Kostbarkeit galt.

Weihrauch in der frühen Medizin

Schon in der vorchristlichen Zeit wurde das Weihrauchharz zu Heilzwecken verwendet. Nicht nur, dass Weihrauch in Form von Räucherwerk zur Desinfektion von Räumen genutzt wurde, bereits im alten Ägypten wurden mit Weihrauch unter anderem Hautverletzungen behandelt. Der berühmte griechische Arzt Hippokrates empfahl das Weihrauchharz zur Behandlung schlecht heilender Wunden und Geschwüre. Aber auch im alten China wurde Weihrauch von den Heilkundigen angewandt, beispielsweise bei Verdauungsproblemen, aber auch bei der Behandlung von Leprakranken. In Indien wurde Weihrauch schon sehr früh gegen rheumatische Beschwerden eingesetzt.

Nach der Geburt eines Kindes wurde Weihrauch ebenfalls in manchen Kulturen eingesetzt – um Infektionen abzuwehren, die die Mutter im Wochenbett ereilen könnten. Auch als Mittel gegen Lungenerkrankungen, Geschlechtskrankheiten sowie bei Ausfluss und Entzündungen wurde Weihrauch empfohlen.

Leider gerieten die Heilwirkungen des Weihrauchs bis in unsere Zeit ein wenig in Vergessenheit – zumindest in Europa. Die meisten Menschen aus unseren Breiten kennen Weihrauch heutzutage nur aus Erzählungen bzw. aus der Kirche. Glücklicherweise sind Wissenschaftler im Moment wieder dabei, die Heilkräfte des Weihrauchs neu zu entdecken und zu erforschen.

Weihrauch, Aberglaube und Religion

Natürlich spielte das Harz des Weihrauchstrauches auch in der Religion eine große Rolle. Beispielsweise wurde es im Christentum bei Bestattungen verwendet, es wurde in den Kirchen zu Ehren Gottes verbrannt und auch heute noch kommt Weihrauch in der katholischen Kirche an besonderen Feiertagen zum Einsatz.

Doch nicht nur die Kirche machte sich den Weihrauch zunutze, auch im Volksglauben spielte Weihrauch eine nicht unerhebliche Rolle. So galt das Weihrauchharz als Mittel, mit dem man gegen Hexen vorgehen und Dämonen austreiben kann. Räucherwerk wurde daher unter anderem zum Schutz vor bösen Geistern eingesetzt – natürlich nur von denjenigen, die sich das kostbare Gut leisten konnten.

Nicht nur, dass Weihrauch in früherer Zeit zu medizinischen Zwecken genutzt wurde, er bot – dem Volksglauben zufolge – auch Schutz gegen böse Mächte.

Gewinnung und Verwendung von Weihrauch heute

Der Weihrauchstrauch oder -baum ist ein ziemlich unscheinbares Gewächs, das etwa drei bis maximal sechs Meter hoch wird. Die Rinde des Baums sondert jährlich eine gewisse Menge des duftenden Harzes ganz ohne äußere Einwirkung ab. Es muss noch nicht einmal eine Verletzung der Rinde vorliegen. Diese von den Sträuchern „freiwillig" abgegebene Menge ist jedoch zu gering, als dass sie die Nachfrage nach dem Duftharz decken könnte. Deshalb hilft der Mensch ein bisschen nach.

Die Harzernte: ein mühseliges Unterfangen

Mit speziellen Messern wird die Rinde des Weihrauchbaums eingeschnitten. Aus diesen Wunden fließt dann spätestens nach einigen Tagen eine größere Menge Sekret. Dieser Saft verhärtet sich innerhalb von ein bis zwei Wochen. Es kommt zu einer Bildung weißlicher tropfen- oder tränenförmiger Harzklümpchen. In der Regel hat dieses erste Weihrauchharz noch nicht die vom Markt gewünschte Qualität. Deshalb werden die Harzklumpen entfernt, sodass weiteres Sekret austreten kann. Auch dieser Saft muss erst eine Weile trocknen, bevor es „abgeerntet" werden kann. Dieses aromatische Duftharz ist ebenfalls von weißer bis gelblicher Färbung und besitzt die Form kleiner Tropfen oder Tränen.

Um das kostbare Weihrauchharz zu gewinnen, muss die Rinde der Bäume mit speziellen Werkzeugen eingeritzt werden.

Mehrere Monate nacheinander kann diese Prozedur wiederholt werden – bis das Harz versiegt ist. Dann benötigt der Baum eine Ruhepause von mehreren Monaten. Erst dann darf die Weihrauchernte von neuem beginnen. Allerdings dürfen die Bäume nicht jedes Jahr abgeerntet werden, denn das würden sie nicht überstehen. Aus diesem Grund gewährt man ihnen nach spätestens drei Jahren eine Phase der Erholung, die zum Teil mehrere Jahre dauert. Im Anschluss daran fließt das Harz dann umso stärker.

Auf die Idee, Raubbau an den Bäumen zu treiben und sie häufiger „zur Ader zu lassen", kommt keiner der Weihrauchsammler. Schließlich sind die Bäume und ihr Harz viel zu kostbar, als dass man es riskieren würde, sie eingehen zu lassen.

Die Ernte erfordert im Übrigen viel Geschick, denn die Einschnitte in der Rinde müssen exakt gesetzt werden, um die Bäume nicht zu sehr zu verletzen und das wertvolle Harz gewinnen zu können. Auch das Sammeln des Harzes erfolgt nicht durch Maschinen, sondern per Hand. So ist es nicht verwunderlich, dass Weihrauch noch immer ein – wenn auch für uns Europäer durchaus erschwingliches – Luxusgut ist.

Die vielen Formen des Weihrauchs

Weihrauchharz ist heute nicht nur in seiner ursprünglichen Form – den kleinen tränenförmigen Klümpchen – erhältlich. Die Weihrauchharztränen werden heutzutage oft gleich weiterverarbeitet. So sind mittlerweile unter anderem Weihrauchkapseln oder -tropfen erhältlich. Doch auch das gute alte Räucherwerk hat noch nicht ausgedient: Man kann z. B. Weihrauchräucherstäbchen erstehen oder aber Weihrauchklümpchen über Kohleplättchen erhitzen, sodass sie ihren typischen aromatischen Duft ausströmen.

Man kann aus der Vielfalt der Weihrauchprodukte leicht erkennen, dass Weihrauch auch heute noch zu den verschiedensten Zwecken eingesetzt wird. In der altindischen Medizin, dem Ayurveda, beispielsweise hat Weihrauchharz einen hohen Stellenwert. Von diesem bis heute erhalten gebliebenen Wissen profitiert mittlerweile auch die moderne Medizin, wie sich noch zeigen wird. In der Aromatherapie ist die entspannende Wirkung des Weihrauchdufts bereits seit langem bekannt; Räucherwerk, das Weihrauch beinhaltet, wird deshalb heute wieder häufiger denn je genutzt.

Verschiedene Weihrauchpräparate

- *Harzklümpchen oder -tränen, die über einem Stückchen Kohle erhitzt werden, sodass sich aromatischer Rauch entwickelt*
- *Weihrauchräucherstäbchen zur Verbesserung der Raumluft bzw. zur Schaffung einer besonderen Atmosphäre*
- *Weihrauchöl; verwendbar unter anderem für Einreibungen, für den Gebrauch in einer Duftlampe, zur Inhalation, als Massageöl, als Zusatz für die Herstellung eigener Kosmetika*
- *Weihrauchkapseln oder -tabletten zur Linderung und Heilung von Beschwerden*
- *Weihrauchtropfen (in der Regel als homöopathisches Mittel mit weiteren Zusatzstoffen erhältlich) zur Linderung verschiedener Beschwerden*

Auch zu religiösen Zwecken kommt Weihrauch heute immer noch zum Einsatz, aber längst nicht mehr so häufig wie in früheren Zeiten. Die Zeiten, in denen man sich mithilfe des Weihrauchharzes vor dem bösen Blick oder vor Dämonen schützte, sind ebenfalls vorbei. Dafür gewinnt das Weihrauchharz immer mehr Freunde unter den Wissen-

Weihrauchharz ist auch in Europa in vielen Formen erhältlich.

schaftlern, die versuchen, die Inhaltsstoffe des Weihrauchharzes genauestens zu entschlüsseln, um deren positive Wirkungen auf den menschlichen Organismus zu ergründen, gezielt Einsatzgebiete für die Behandlung mit Weihrauchharz zu finden und den Weg für die Anerkennung des Weihrauchs als wirksames Arzneimittel in der modernen Medizin zu ebnen.

Weihrauch in der altindischen Heilkunde, der Ayurveda

Weihrauchpräparate haben seit langem ihren Platz in der altindischen Medizin.

Die altindische Medizin, die Ayurveda, setzt bereits seit vielen hundert Jahren Weihrauchpräparate zur Vorbeugung und Heilung von Beschwerden ein. Aus der Ayurveda-Medizin Indiens stammt auch das Weihrauchpräparat H15, das mittlerweile unter anderem in Deutschland zur Behandlung von Krankheiten erprobt wird. Doch was versteht man eigentlich unter Ayurveda?

Das Wissen vom Leben

Die Bezeichnung Ayurveda setzt sich aus den zwei Sanskritwörtern Ayus für Leben und Veda für Wissen zusammen. Übersetzt heißt Ayurveda also so viel wie das Wissen vom Leben. Die Ayurveda-Medizin versucht stets den Menschen als Ganzes zu betrachten – für sie sind Körper und Geist untrennbar miteinander verbunden. Demnach beeinflussen sie sich auch gegenseitig. Auch die Umwelt und das Verhalten eines Menschen haben Einfluss auf seinen Gesundheitszustand. Im Gegensatz zur modernen Schulmedizin, die vielfach die kranken Organe isoliert betrachtet, sieht die Ayurveda-Heilkunde stets den ganzen Menschen in seinem Umfeld.

Drei Bioenergien

Die Ayurveda-Heilkunde geht davon aus, dass es drei verschiedene Bioenergien (Vata, Pitta und Kapha) gibt, die in jedem Menschen wirken. Im Idealfall befinden sich diese drei Bioenergien im Gleichgewicht. Doch dieses Gleichgewicht kommt nur selten vor – oft ist eine der Bioenergien stärker als die anderen. Ist das der Fall, liegt der ayurvedischen Medizin zufolge bereits ein Zustand vor, der als krankhaft bzw. krank machend bezeichnet werden kann. Das Ziel der Ayurveda-Heilkunde ist es, die drei Bioenergien wieder ins Gleichgewicht zu bringen, um Beschwerden zu heilen bzw. ihnen möglichst sogar vorzubeugen.

So teilt die Ayurveda-Medizin die Menschen auch in drei Grundkategorien ein: Es gibt demnach Menschen vom Vata-, Pitta- und Kapha-Typ. Bei ihnen ist jeweils eine der Bioenergien stärker ausgeprägt als die anderen. Selbstverständlich gibt es auch Personen, bei denen die Bioenergien ausgeglichen sind. Diese werden dem so genannten Sama-Typ zugeordnet. Den ersten drei Grundkonstitutionen wird eine Veranlagung zu bestimmten Beschwerden und Erkrankungen zugeschrieben. Diesen kann vorgebeugt werden, indem man versucht die jeweils anderen Bioenergien z. B. durch pflanzliche Präparate oder auch durch die Ernährung zu stärken.

Natürlichkeit ist Trumpf

Die Ayurveda-Medizin sieht es als ihr vorrangiges Ziel an, die Gesundheit eines Menschen zu erhalten und Erkrankungen vorzubeugen anstatt sie zu kurieren. Allerdings geht sie selbstverständlich auch gegen bereits bestehende Beschwerden vor. Die in der Ayurveda-Heilkunde verwendeten Präparate und andere Heilmethoden (z. B. Massagen, Ölkuren) dürfen nur natürlichen Ursprungs sein. Unerwünschte Wirkungen der Heilmethoden sollen dadurch möglichst ausgeschlossen werden.

Für westliche Gemüter mögen sich die Grundregeln der Ayurveda-Medizin insgesamt ein wenig mystisch anhören, doch in Indien ist Ayurveda eine anerkannte Wissenschaft. Es gibt über hundert Institute, die die Kenntnisse der Ayurveda-Medizin vermitteln. Auch hat die jahrtausendealte Ayurveda-Heilkunde die Schulmedizin befruchtet.

„Wechselwirkungen" mit anderen Heilmethoden

Ayurvedische Präparate – so auch nach ayurvedischen Vorschriften hergestellte Weihrauchpräparate, die in Indien vor allem gegen rheumatische Beschwerden eingesetzt wurden – können in der Regel mit anderen Medikamenten und Heilmethoden kombiniert werden. Sie sind im Normalfall so konzipiert, dass sich keine unerwünschten Wirkungen einstellen, wenn sie mit anderen Präparaten zusammen eingenommen bzw. angewendet werden.

Dennoch: Falls Sie in ärztlicher Behandlung sind und Weihrauchpräparate oder andere ayurvedische Mittel gegen ihre Krankheit einnehmen wollen, ist es sinnvoll, zunächst den Arzt zu befragen.

Wer Weihrauchpräparate zu medizinischen Zwecken anwenden möchte, sollte zuvor seinen Arzt konsultieren.

Weihrauch
KAPSELN
seln = 9,6 g (Fü

Inhaltsstoffe des Weihrauchs und ihre Wirkung

Bei Weihrauch handelt es sich um ein Harz, das sich aus zahlreichen verschiedenen Komponenten zusammensetzt. Der Hauptbestandteil ist natürlich das Harz selbst, hinzu kommen jedoch noch Wasser, Gummi sowie ätherisches Öl, das dem Weihrauch seinen Duft verleiht. Typisch z. B. für das indische Weihrauchharz ist sein leicht kampferartiger Geruch.

Selbstverständlich setzen sich die Hauptbestandteile des Weihrauchs – Harz, Gummi, Wasser, ätherisches Öl – wiederum aus vielen verschiedenen Komponenten zusammen. Im ätherischen Öl sind z. B. verschiedene so genannte Terpenkohlenwasserstoffe enthalten.

Weihrauch und seine Wirkstoffe

Besonders interessant für die Medizin sind die so genannten Boswelliasäuren, die im Weihrauchharz gefunden wurden. Diese ganz speziellen, bislang nur im Weihrauch entdeckten Säuren scheinen eine immense Heilkraft zu besitzen. Zumindest legen das wissenschaftliche Untersuchungen nahe. Jedoch müssen die Boswelliasäuren in einer speziellen Form aufbereitet sein, um ihre Heilkraft entfalten zu können. Sie werden durch ein bestimmtes Verfahren aus dem Harz gelöst und zu Heilpräparaten weiterverarbeitet. In Indien ist schon seit langem ein Weihrauchpräparat namens Sallaki erhältlich, das vor allem gegen entzündliche Erkrankungen wirksam ist. In Europa ist dieses Präparat, das auf den Säuren des Weihrauchbaums basiert, unter dem Namen H15 auf dem Markt.

Wer nun meint, es reiche aus, das reine Weihrauchharz zur Bekämpfung von Krankheiten zu verwenden, wird leider enttäuscht. Nicht das Harz, sondern allein die mit ayurvedischen Kenntnissen aufbereiteten Präparate (und vor allem die in ihnen enthaltenen Boswelliasäuren) entfalten eine Heilwirkung.

Die medizinisch wirksamen Komponenten des Weihrauchs sind die so genannten Boswelliasäuren.

Ein bisschen Körperchemie …

In Indien wird das Weihrauchpräparat Sallaki (H15) vor allem bei entzündlichen Erkrankungen eingesetzt. Das hat auch seinen Grund, wie Untersuchungen von Prof. Dr. Hermann P. T. Ammon der Universität Tübingen belegen. Diese Untersuchungen stellen zwar noch keinen ausreichenden wissenschaftlichen Beweis dar, aber die klinischen Studien und Tierversuche deuten darauf hin, dass der Weihrauchextrakt H15 antientzündliche Wirkung besitzt.

Weihrauch besitzt vermutlich eine antientzündliche Wirkung.

Die Entstehung von Entzündungen

Um zu verstehen, auf welche Weise Weihrauch gegen entzündliche Prozesse helfen kann, sind ein paar Grundkenntnisse über die Entstehung von Entzündungen im menschlichen Körper notwendig. Schließlich spielen dabei viele verschiedene Wirkmechanismen eine Rolle.

Zunächst einmal ist eine Entzündung ein ganz normaler Abwehrprozess des Körpers, mit dem unser Immunsystem unter anderem gegen Krankheitserreger, aber auch gegen andere schädliche Einwirkungen wie Hitze, Kälte oder eingedrungene Fremdkörper vorgeht. Wird das Gewebe angegriffen, kommt es zur Rötung des betroffenen Bereichs, zu Schwellungen des Gewebes sowie zur Wärme- und Schmerzentwicklung. Der Grund: Der betroffene Bereich wird unter anderem stärker durchblutet und das Immunsystem schüttet bestimmte Stoffe aus, um den Körper von den Fremdkörpern (z. B. den Krankheitskeimen) zu befreien.

Die chronische Entzündung

Eine Entzündung kann auch chronisch werden, z. B. wenn das Immunsystem mit einer akuten Entzündung nicht fertig wird. Manchmal passiert es aber auch, dass es gleich zu einer chronischen (das heißt lang anhaltenden) Entzündung kommt.

Bestimmte chronisch-entzündliche Erkrankungen (z. B. die chronische Polyarthritis, eine Gelenkerkrankung) entstehen dadurch – so vermutet man zumindest –, dass das Immunsystem bei seiner Arbeit über sein Ziel sozusagen hinausschießt. Das Immunsystem greift in diesem Fall gesunde Zellen des Körpers an, anstatt sie zu schützen. Solche chronisch-entzündlichen Erkrankungen sind bislang nur schwer zu behandeln. Was das alles mit dem Weihrauchharz und den in ihm enthaltenen Boswelliasäuren zu tun hat? Ganz einfach: Es hat den Anschein, dass die Boswelliasäuren die Entstehung entzündlicher Prozesse, vor allem bei chronisch-entzündlichen Erkrankungen, hemmen können.

Die Stoffe, die eine Entzündung auslösen

Damit es zu einer Entzündung kommt, müssen im Körper verschiedene chemische Prozesse ablaufen. Vor allem muss ein Grundstoff für die Bildung bestimmter Substanzen (Entzündungsmediatoren genannt) vorhanden sein, die die Entzündung letztlich auslösen. Dieser Grundstoff ist die so genannte Arachidonsäure. Diese ungesättigte Fettsäure nehmen wir tagtäglich mit der Nahrung auf, zumindest wenn wir tierische Produkte verzehren. Außerdem gibt es in unserem Körper eine kleine Fabrik, die Arachidonsäure herstellt, selbst wenn wir uns vegetarisch ernähren.

Kommt die Arachidonsäure mit bestimmten Enzymen in Kontakt, wird sie in die Entzündungsmediatoren umgewandelt, die eine Entzündung hervorrufen bzw. dafür sorgen, dass sie aufrechterhalten bleibt. Enzyme sind körpereigene Stoffe, die eine chemische Reaktion in Gang setzen.

Aus der Arachidonsäure entstehen dann die Entzündungsmediatoren mit den Namen Prostaglandine und Leukotriene. Damit es zur Bildung von Leukotrienen kommt, muss ein Enzym mit der komplizierten Bezeichnung 5-Lipoxygenase mit der Arachidonsäure reagieren; für die Entstehung von Prostaglandinen ist ein weiteres Enzym verantwortlich.

Prostaglandine – nicht nur schädlich für den Körper

Wenn man hört, dass Prostaglandine Entzündungen hervorrufen, erhält man sofort einen negativen Eindruck von diesen Stoffen. Aber nicht nur, dass eine Entzündung positiv für den Körper sein kann, indem sie dem Organismus hilft gegen Krankheitserreger vorzugehen, Prostaglandine sind Stoffe – genauer Gewebshormone –, die auch noch weitere, wichtige Funktionen für den menschlichen Organismus besitzen. Beispielsweise beeinflussen sie die Höhe des Blutdrucks und die Blutgerinnung – im positiven wie im negativen Sinn.

Deshalb kann man nicht sagen, dass Prostaglandine allgemein schädlich für den Organismus sind. Eine zu starke Prostaglandinproduktion ist jedoch z. B. dann unerwünscht, wenn man unter einer chronisch-entzündlichen Erkrankung leidet.

Bei einer chronisch-entzündlichen Erkrankung (z. B. bei bestimmten

Prostaglandine und Leukotriene – so nennen sich die Stoffe, die für die Entstehung und Aufrechterhaltung von Entzündungen hauptsächlich verantwortlich sind.

Erkrankungen aus dem rheumatischen Formenkreis) werden deshalb Medikamente verordnet, die die Wirkung der Prostaglandine eindämmen, um damit ein Fortschreiten der entzündlichen Prozesse zu unterbinden. Für diesen Zweck werden in erster Linie nichtsteroidale Antirheumatika, abgekürzt NSAID, eingesetzt.

Vor allem gegen chronische Entzündungen werden Präparate eingesetzt, die oft beträchtliche Nebenwirkungen haben können.

Diese Medikamente tragen zwar einen komplizierten Namen, dürften aber doch den meisten bekannt sein. Zu den Medikamenten dieser Gruppe gehört unter anderem der Wirkstoff Acetylsalicylsäure, der vor allem unter dem Markennamen Aspirin ein Begriff ist. Allerdings haben diese nichtsteroidalen Antirheumatika einen Nachteil: Sie können bei längerer Einnahme Verdauungsbeschwerden und unter Umständen sogar Magen- und Darmgeschwüre oder Magenblutungen nach sich ziehen. Hinzu kommt, dass sie zwar die negativen Auswirkungen der Prostaglandine positiv beeinflussen, das heißt akute Beschwerden lindern, dass sie aber die Entstehung der Entzündung nicht verhindern können.

Weitere Übeltäter: die Leukotriene

Vor allem bei chronischen Entzündungskrankheiten wie der chronischen Polyarthritis sind weitere Übeltäter am Werk, die die Entzündung aufrechterhalten: die so genannten Leukotriene. Auch diese Entzündungsmediatoren, die dafür sorgen, dass die Entzündung bestehen bleibt, werden aus der Arachidonsäure gebildet. Das Enzym 5-Lipoxygenase wandelt vereinfacht gesagt die Arachidonsäure in Leukotriene um. Die Entzündung bleibt bestehen, solange die Leukotriene gebildet werden und auf den Entzündungsherd einwirken können.

Weihrauch im Kampf gegen entzündliche Prozesse

Gäbe es ein Medikament, mit dem man die Bildung der Prostaglandine und Leukotriene verhindern könnte, so könnte man unter anderem chronisch-entzündliche Erkrankungen wirkungsvoller behandeln als bisher. Bislang wurden deshalb unzählige wissenschaftliche Versuche mit verschiedenen Substanzen durchgeführt, um einen Stoff zu finden, der das Enzym 5-Lipoxygenase hemmt. Denn infolge der Aktivität dieses Enzyms stellt der Körper Leukotriene her.

Viele der Substanzen, die sich im Reagenzglas als wirkungsvoll erwiesen, konnten jedoch in der Therapie von Erkrankungen nicht eingesetzt werden. Der Grund: Sie zeigen eine toxische (giftige) Wirkung auf den menschlichen Organismus.

Da kamen die Boswelliasäuren gerade recht: Wissenschaftler entdeckten, dass diese Säuren, die im Harz von Weihrauchbäumen vorkommen und im Weihrauchpräparat H15 enthalten sind, das Enzym 5-Lipoxygenase nicht nur im Reagenzglas (in vitro) hemmen, sondern auch bei der Verabreichung an Freiwillige eine Wirkung zeigten. Nachdem die Patienten Weihrauchextrakte eingenommen hatten, verringerte sich die Bildung der entzündungsauslösenden Leukotriene. Eine toxische Wirkung konnte nach Verabreichung der Weihrauchextrakte jedoch nicht festgestellt werden.

So wirkungsvoll die Boswelliasäuren aus dem Harz des Weihrauchbaums auch gegen die Leukotriene vorgehen mögen, eine Wirkung auf die Bildung von Prostaglandinen – der zweiten Gruppe von Entzündungsmediatoren – konnte bislang leider noch nicht festgestellt werden.

Krankheiten, die eventuell mit Weihrauchextrakten behandelt werden können*

- *Akutes Atemnot-Syndrom*
- *Asthma bronchiale*
- *Bauchspeicheldrüsenentzündung (akute Pankreatitis)*
- *Chronische Polyarthritis*
- *Colitis ulcerosa (chronisch-entzündliche Darmerkrankung)*
- *Gicht*
- *Heuschnupfen*
- *Hirntumoren (Astrozytome, Glioblastome)*
- *Juvenile chronische Arthritis*
- *Leberzirrhose*
- *Lupus erythematodes (eine chronische Gelenkerkrankung)*
- *Lyme-Arthritis*
- *Morbus Crohn (chronisch-entzündliche Darmerkrankung)*
- *Mukoviszidose*
- *Multiple Sklerose*
- *Nesselsucht (Urticaria; eine Form der Allergie)*
- *Rheumatoide Arthritis*

** Bei diesen Krankheiten sind erhöhte Leukotrienkonzentrationen im Körper zu finden.*

Klinischer Einsatz

Zwölf klinische Studien, die von 1985 bis 1997 sowohl in Deutschland als auch in Indien durchgeführt wurden, ergaben, dass Weihrauchextrakte vermutlich erfolgreich gegen chronische Polyarthritis und die juvenile chronische Arthritis eingesetzt werden können. Auch für eine Besserung der chronisch-entzündlichen Darmerkrankung Colitis ulcerosa durch Weihrauchpräparate gibt es Hinweise. Genauso zeigte die Behandlung bestimmter Hirntumoren mit Weihrauchpräparaten Erfolge: Vor allem die mit diesen Tumoren einhergehenden Ödeme (Wasseransammlungen im Gewebe) gingen merklich zurück.

Bislang besitzen allerdings alle durch diese Studien gewonnenen Daten nur vorläufigen Charakter. Es müssen weitere Untersuchungen durchgeführt werden, um die Ergebnisse zu untermauern.

Ein Mittel – viele Wirkungen

Neben der entzündungshemmenden Wirkung werden dem Extrakt aus dem Weihrauchharz weitere heilende Eigenschaften zugeschrieben. Nicht zuletzt deshalb war das Weihrauchharz bereits vor dem Beginn unserer Zeitrechnung ein kostbares und begehrtes Gut. Und je weiter die Forschungen über die Wirkstoffe des Weihrauchs heute voranschreiten, umso mehr erstaunliche Erkenntnisse tun sich auf …

In unserem Kulturkreis blieben die heilkräftigen Wirkungen des Weihrauchs lange unentdeckt.

Hoffnung bei Krebs

Einer Studie von Y.-W. Lee zufolge bewirkten die Inhaltsstoffe des Weihrauchextrakts unter Laborbedingungen die Hemmung bestimmter Enzyme, die zur Veränderung des Erbgutes von Zellen beitragen und damit eine Krebserkrankung auslösen können. Diese Enzyme werden als Topoisomerase-I und -II bezeichnet. Bislang ist jedoch noch nicht ganz klar, ob die Inhaltsstoffe des Weihrauchharzes toxisch auf diese Enzyme wirken oder aber ihre Ausschüttung bzw. Wirkung durch einen anders gearteten Mechanismus hemmen.

Bei In-vitro-Experimenten (Versuchen, die unter Laborbedingungen im Reagenzglas durchgeführt wurden) stellte sich heraus, dass die Boswelliasäuren aus dem Weihrauchharzextrakt das Wachstum von Krebszellen bremsen konnten, zum Teil sogar Krebszellen abtöteten.

Schutz der Leber

Im Tierexperiment wurde festgestellt, dass die Boswelliasäuren aus dem Weihrauchextrakt eine leberschützende Wirkung entfalten können. Vor der Verabreichung eines leberschädigenden Stoffs wurde den Mäusen ein Präparat gegeben, das Boswelliasäuren enthielt. Die Mäuse, die dieses Mittel erhielten, bewahrten die Boswelliasäuren vor einer Schädigung der Leber. Es wird daher vermutet, dass die Boswelliasäuren auch beim Menschen eine leberschützende Wirkung entfalten und z. B. bei Erkrankungen wie Leberzirrhose eingesetzt werden können.

Hilfe für das Immunsystem

Nicht nur, dass die Boswelliasäuren aus dem Weihrauchharz eine entzündungshemmende Wirkung zu entfalten scheinen, vermutlich regen sie auch das Immunsystem zu erhöhter Aktivität an, sodass es besser in der Lage ist, Erkrankungen zu bekämpfen. Besonders interessant ist dieser Aspekt für all diejenigen, die unter einer Krankheit leiden, bei der das körpereigene Immunsystem an sich gesunde Körperzellen angreift. Solche Krankheiten, bei denen die Immunzellen nicht mehr zwischen gut (den eigenen Körperzellen) und böse (Krankheitserregern) zu unterscheiden vermögen, bezeichnet man als Autoimmunerkrankungen. Vermutlich zählen zu diesen Krankheiten unter anderem die chronische Polyarthritis sowie die Gelenkerkrankung Lupus erythematodes.

Doch auch bei anderen schwerwiegenden Erkrankungen, z. B. bei Krebs, kann es sinnvoll sein, das Immunsystem zu stärken. Denn bei einer Krebserkrankung wird das Immunsystem in der Regel durch die für den Körper äußerst belastende Therapie geschwächt.

Ruhe und Gelassenheit durch Weihrauch

Können Sie sich vorstellen, warum das Weihrauchharz schon seit Jahrtausenden als Räucherwerk eingesetzt wird? Ein Grund liegt sicherlich darin, die Luft bis zu einem gewissen Grad zu desinfizieren, aber vor allem liegt es wohl auch an dem Duft, den das Weihrauchharz beim Räuchern entfaltet. Dieser balsamische Duft hat eine positive Wirkung auf Nerven und Psyche: Er verhilft zu größerer Ruhe und Gelassenheit. Außerdem trägt der Duft des Harzes dazu bei, die Stimmung zu verbessern. Vor allem Menschen, die bedrückt sind, profitieren von dieser Wirkung des Weihrauchharzes.

Menschen, die deprimiert sind, profitieren davon, den Duft des Weihrauchharzes einzuatmen.

Weihrauch als Medikament

Die meisten medizinischen Wirkstoffe, die heute in Medikamenten enthalten sind, wurden nicht einfach „erfunden", das heißt im Labor ausgetüftelt, sie haben ihr Vorbild in der Natur oder entstammen Naturprodukten (z. B. Pflanzen). Eventuell wurden sie durch Chemiker noch „veredelt", um sie für den menschlichen Organismus „bekömmlicher" zu machen. Die Acetylsalicylsäure beispielsweise (besser bekannt unter dem Markennamen Aspirin), die heute zu den wichtigsten medizinischen Wirkstoffen zählt, wurde ursprünglich als Salicylsäure aus der Weidenrinde gewonnen und im Labor verfeinert, um ihre Verträglichkeit zu verbessern.

Kein Wunder, dass Wissenschaftler auf der Suche nach immer neuen Wirkstoffen und Medikamenten irgendwann auch einmal auf das Harz des Weihrauchbaums stoßen mussten, wurde es doch in anderen Kulturen – so in Indien – bereits seit langer Zeit zu Arzneimitteln weiterverarbeitet und zu medizinischen Zwecken eingesetzt. Nun, nach Durchführung einiger wissenschaftlicher Studien (die beileibe noch nicht ausreichen) wird erst klar, welches medizinische Potenzial sich auch der modernen Schulmedizin durch das Weihrauchharz und seine Inhaltsstoffe möglicherweise eröffnet.

Das Weihrauchpräparat H15, das man in Indien bereits seit langem unter dem Namen Sallaki herstellt und anwendet, wird nun auch bei uns immer beliebter. Obwohl es in Deutschland in den Apotheken bislang nicht frei verkäuflich ist (es ist als Arzneimittel noch nicht offiziell zugelassen), kann es doch auf Rezept über internationale Apotheken bezogen werden.

Weihrauchpräparate gewinnen auch in der westlichen Welt immer mehr Befürworter.

Endlich Hilfe bei rheumatischen Erkrankungen?

Rheumatische Erkrankungen sind heutzutage weit verbreitet. Zu den Erkrankungen des rheumatischen Formenkreises zählen im engeren Sinn alle Krankheiten, bei denen Gelenke des Körpers durch chronisch-entzündliche Prozesse angegriffen und geschädigt werden. Genauso werden

Von Präparaten, die Weihrauchextrakte enthalten, erhoffen sich die Mediziner Hilfe bei rheumatischen Erkrankungen.

die Gicht und Autoimmunerkrankungen, bei denen die Gelenke vermutlich durch eine Überreaktion des körpereigenen Immunsystems einen Schaden davontragen, zu den rheumatischen Erkrankungen gerechnet. Diese Krankheiten haben eines gemeinsam – sie werden unter anderem durch die Leukotriene genannten Entzündungsmediatoren aufrechterhalten. Möglicherweise können aus diesem Grund die Boswelliasäuren aus dem Weihrauchharzextrakt, die die Bildung von Leukotrienen hemmen, ein Fortschreiten dieser chronischen Krankheiten verhindern.

Die chronische Polyarthritis

Zu den äußerst belastenden Erkrankungen aus dem rheumatischen Formenkreis gehört die so genannte chronische Polyarthritis. Bei dieser Krankheit kommt es zu entzündlichen Veränderungen des Gelenks, die schubweise auftreten. Entzündliche Prozesse an der Gelenkschleimhaut ziehen unter anderem Schwellungen des gesamten Gelenks und Wucherungen an der Gelenkschleimhaut nach sich. Die Folge: Nach und nach wird durch die Wucherungen der Gelenkknorpel angegriffen. Dieser Vorgang ist äußerst schmerzhaft und kann in der Endphase der Krankheit zu einer Versteifung des betroffenen Gelenks führen.

Bislang ist noch nicht bekannt, wie und warum sich eine chronische Polyarthritis entwickelt. Die Mediziner vermuten allerdings, dass die chronische Polyarthritis zu den Autoimmunerkrankungen zählt. Das körpereigene Immunsystem wendet sich dabei gegen gesunde Körperzellen, die es fälschlicherweise für Eindringlinge in den Organismus, für Krankheitserreger, hält. Da die Ursachen jedoch noch nicht vollständig ausgemacht sind, war es bisher nicht möglich, das Fortschreiten der chronischen Polyarthritis zu stoppen.

Bisher werden gegen die chronische Polyarthritis Medikamente eingesetzt, die vor allem die Schmerzen lindern, aber auch die Entzündung ein wenig zum Abklingen bringen

Symptome der chronischen Polyarthritis im Überblick

- *Starke Schmerzen in den betroffenen Gelenken bei allen Bewegungen; oft sind zunächst die Fingergelenke betroffen*
- *Krankheit verläuft in Schüben*
- *Morgensteifigkeit*
- *Einnehmen von Schonhaltungen infolge der Schmerzen*
- *Verformung der betroffenen Gelenke*
- *Versteifung der betroffenen Gelenke*

(z. B. nichtsteroidale Antirheumatika wie Acetylsalicylsäure) oder die wie Kortison entzündungshemmend wirken. Hinzu kommen Arzneimittel, die die Tätigkeit des Immunsystems einschränken (so genannte Immunsuppressiva), und Basismedikamente, die dauerhaft genommen werden müssen, um das Fortschreiten der Gelenkzerstörung zu verhindern (z. B. Medikamente, die Goldverbindungen enthalten). Der Nachteil von Immunsuppressiva liegt leider darin, dass der gesamte Organismus nun anfälliger für Infekte jeder Art wird.

Weihrauchtherapie – nützlich bei chronischer Polyarthritis?

Eine 1994 auf der Tagung der Deutschen Gesellschaft für Rheumatologie vorgestellte Studie lässt darauf hoffen, dass Präparate aus Weihrauchharzextrakten die entzündlichen Prozesse bei der chronischen Polyarthritis bremsen und zur Schmerzlinderung beitragen können. An dieser Untersuchung nahmen 81 Patienten teil, die bereits seit Jahren unter chronischer Polyarthritis litten und deren Beschwerden selbst dann keine Besserung zeigten, wenn sie so genannte Basismedikamente einnahmen. 39 der 81 Patienten erhielten neben diesen Medikamenten zusätzlich dreimal am Tag eine Dosis des Weihrauchharzextrakts H15. Den restlichen 42 Patienten wurde ein Scheinmedikament, ein Placebo, verabreicht. Solche Scheinmedikamente müssen stets einem Teil der Patienten gegeben werden, um festzustellen, ob es wirklich das zu testende Präparat ist, das eine Wirkung zeigt, oder ob es allein die Hoffnung ist, dass die Einnahme eines neuen Präparats zu einer Besserung der Beschwerden bei den Patienten führt.

Das Ergebnis dieser Untersuchung war verblüffend: Nach spätestens zwölf Wochen der regelmäßigen Einnahme des Weihrauchpräparats berichteten die Teilnehmer über eine Abnahme der Schmerzen. Auch die Schwellungen der Gelenke gingen merklich zurück. Zugleich gab es Indizien (die Abnahme der Blutkörperchen-Senkungsgeschwindigkeit) dafür, dass die entzündlichen Prozesse in den Gelenken auf dem Rückzug waren. Die Patienten berichteten zudem darüber, dass ihre Gelenke frühmorgens nach dem Aufstehen weniger steif waren als sonst. Nebenwirkungen des Weihrauchpräparats hingegen waren kaum festzustellen. Vielmehr klagten die Patienten, die ein Placebo erhalten hatten, öfter über unerwünschte Wirkungen der ihnen verabreichten Mittel als diejenigen,

So verblüffend es auch klingen mag: Weihrauchpräparate linderten die Schmerzen der chronischen Polyarthritis in bisher durchgeführten Studien zum Teil besser als herkömmliche Medikamente.

die Weihrauch erhalten hatten. Leider muss die Euphorie nun ein wenig getrübt werden: Die bislang durchgeführten Untersuchungen reichen noch lange nicht aus, um zu beweisen, dass Weihrauchpräparate bei chronischer Polyarthritis Hilfe leisten oder andere Medikamente sogar ersetzen können.

Der Arzt sollte stets gefragt werden, bevor man sich für eine Behandlung mit Weihrauchpräparaten entscheidet.

Aus diesem Grund sollte kein Patient die von seinem Arzt verordneten Medikamente absetzen und auf Weihrauchpräparate umsteigen. Es ist besser, den Arzt zu fragen, ob er eine zusätzliche Einnahme von Weihrauchextrakt (als Ergänzung zu den bisher eingenommenen Medikamenten) für sinnvoll hält.

Wenn die Lyme-Arthritis quält …

Die Lyme-Arthritis ist eine Gelenkerkrankung, deren Hauptmerkmal ebenfalls entzündliche (und damit schmerzhafte) Veränderungen der Gelenke sind. Aber auch Entzündungen der Nerven können erschwerend hinzukommen. Hervorgerufen wird diese Form der Arthritis durch Krankheitserreger – die Borrelien –, die durch den Biss einer Zecke (auch Holzbock genannt) übertragen werden können. Die Lyme-Arthritis stellt sich erst längere Zeit nach dem Zeckenbiss ein.

Wer von einer Zecke gebissen wurde, sollte daher unbedingt seinen Arzt aufsuchen und die Zecke auf Borrelien untersuchen lassen. Falls dies nicht machbar ist, sollte man die Zecke mit Hilfe einer Pinzette (besser ist eine im Zoohandel erhältliche Zeckenzange) vorsichtig herausdrehen und Acht geben, dass der Kopf nicht in der Haut stecken bleibt. Die Bissstelle sollte möglichst rasch desinfiziert werden. Bei jedem ungewöhnlichen Anzeichen nach einem Zeckenbiss, z. B. bei einer Hautrötung oder beim Eintreten von Fieber, sollte der Arzt um Rat gefragt werden.

Weihrauch gegen die Beschwerden

Wer bereits unter der Lyme-Arthritis leidet, kann möglicherweise von der Einnahme von Weihrauchpräparaten profitieren. Diese Vermutung liegt nahe, da der Extrakt aus dem Weihrauchharz entzündlichen Prozessen entgegensteuert, wie sie sich auch bei dieser Erkrankung im Gelenk abspielen. Fragen Sie daher ruhig Ihren Arzt, ob er Ihnen ein Rezept für ein Weihrauchpräparat ausstellt, wenn Sie unter Schmerzen leiden, die durch herkömmliche Präparate nicht gelindert werden können.

Sie können ebenfalls zu Weihrauchpräparaten greifen, wenn sich die ersten Anzeichen einer Lyme-Arthritis zeigen. Allerdings sollten Sie sich nie eigenmächtig Weihrauchpräparate verordnen. Sprechen Sie zuvor stets mit Ihrem Arzt.

Die Autoimmunerkrankung Lupus erythematodes

Zu den Erkrankungen des rheumatischen Formenkreises zählt auch die Krankheit Lupus erythematodes. Diese Erkrankung wird vermutlich dadurch ausgelöst, dass Immunzellen die Gelenke angreifen, obwohl es sich um körpereigenes Gewebe handelt. Warum das der Fall ist, weiß man bislang noch nicht. Möglicherweise liegt eine erbliche Veranlagung vor, die dazu führt, dass das Immunsystem die Körperzellen nicht mehr als solche erkennt, sondern sie für Krankheitserreger hält. Eventuell sind aber auch die Körperzellen leicht verändert, sodass sie eine Ähnlichkeit mit Krankheitserregern aufweisen.

Lupus erythematodes verläuft genau wie die chronische Polyarthritis in Schüben und äußert sich auch mit ähnlichen Symptomen. Dazu gehören steife, schmerzende und geschwollene Gelenke, aber auch ein Gefühl von Mattigkeit, wie es bei Erkältungskrankheiten häufig auftritt. Nicht selten kommen auch leichte Veränderungen der Haut hinzu. Bei dieser Krankheit wurden zudem erhöhte Leukotrienwerte gefunden.

Gegen die Schmerzen und die im Gelenk ablaufenden entzündlichen Prozesse werden beim Lupus häufig nichtsteroidale Antirheumatika eingesetzt, zum Teil werden auch Immunsuppressiva verordnet, die die Aktivität des Immunsystems mindern und damit die Krankheit eindämmen sollen.

Mit Autoimmunerkrankungen der Gelenke geht oft eine erhöhte Leukotrienaktivität einher.

Was können Weihrauchpräparate für die Patienten tun?

Da bei dieser Autoimmunerkrankung eine erhöhte Leukotrienaktivität vorliegt, wird vermutet, dass Weihrauchpräparate, die die Bildung von Leukotrienen hemmen, effektiv bei Lupus erythematodes eingesetzt werden können. Beweise dafür stehen allerdings bislang noch aus. Wer sich dafür entscheidet, gegen seine Krankheit mit Weihrauchpräparaten vorzugehen, sollte zuvor seinen Arzt fragen, ob eine solche Behandlung ergänzend zur herkömmlichen Therapie für ihn infrage kommt.

Weitere Autoimmunkrankheiten

Lupus erythematodes und die chronische Polyarthritis sind nicht die einzigen Gelenkerkrankungen, deren Ursache in einer fehlgeleiteten Aktivität des Immunsystems gesehen wird. Auch die so genannte Sklerodermie und der Morbus Bechterew (auch Bechterew'sche Krankheit genannt) gehören – so vermutet man – zu den Autoimmunerkrankungen.

Bei der Sklerodermie laufen ebenfalls entzündliche Prozesse in den Gelenken ab, die starke Schmerzen hervorrufen. Bei dieser Krankheit kommt es zudem zu Veränderungen der Haut, auch Durchblutungsstörungen sind keine Seltenheit. Innere Organe (z. B. Herz und Nieren) können ebenfalls Schäden davontragen.

Die Bechterew'sche Krankheit greift die Wirbelsäule an und führt zu Gelenkveränderungen.

Der Morbus Bechterew hingegen betrifft allein die Gelenke der Wirbelsäule. Hier kommt es zu entzündlichen Veränderungen, die letztlich dazu führen, dass die Wirbelgelenke sich nach und nach versteifen können. Sowohl für die Sklerodermie als auch für den Morbus Bechterew gibt es bislang kein Medikament, das die Krankheit heilen könnte.

Einsatz von Weihrauch

An den entzündlichen Veränderungen der Gelenke sind bei diesen Erkrankungen – wie bei den im Voraus beschriebenen – Leukotriene mitbeteiligt. Möglicherweise kann Weihrauch durch seine die Bildung von Leukotrienen hemmende Wirkung auch bei diesen Krankheiten zu einer Besserung der Beschwerden führen. Doch bislang ist dies alles noch graue Theorie – weiterführende Untersuchungen müssen erst noch beweisen, dass Weihrauch eine positive Wirkung bei den Autoimmunerkrankungen hat, die die Gelenke betreffen.

Die Stoffwechselkrankheit Gicht

Zu den schmerzhaften Gelenkerkrankungen, bei denen es zu Entzündungen im Gelenk kommt, gehört auch die Gicht. Bei dieser Erkrankung kann ein bestimmter Stoff, die Harnsäure, die bei der Umwandlung von Nahrung in Energie als Abbauprodukt übrig bleibt, nur unzureichend vom Körper ausgeschieden werden. Die Folge: Die Harnsäure bildet kleine Kristalle, die sich in den Gelenken festsetzen und dort zu Entzündungen führen.

Bei dieser Erkrankung kommt es immer wieder zu so genannten Gichtanfällen: Es bilden sich Schwellungen in den Gelenken, die mit starken Schmerzen und geröteter Haut einhergehen. Auf Dauer kann die Gicht das Gelenk zerstören, sodass es sich versteift. Zudem können die Nieren bleibende Schäden davontragen.

Behandelt wird die Gicht vor allem durch eine Umstellung der Ernährung – die Nahrung darf nur eine geringe Menge bestimmter Stoffe, der so genannten Purine, enthalten, durch die die Harnsäurekonzentration im Blut erhöht wird. Aber natürlich werden auch Medikamente gegen die Schmerzen eingesetzt.

Weihrauch und Gicht

Genau wie bei den anderen bislang beschriebenen Erkrankungen des rheumatischen Formenkreises kann auch bei der Gicht eine erhöhte Aktivität der Leukotriene festgestellt werden. Möglicherweise können Weihrauchpräparate bei Gicht helfen, indem sie die Ausschüttung der Leukotriene hemmen. Ein Beweis dafür steht bislang aber noch aus.

Einreibungen und Bäder bei rheumatischen Erkrankungen

Bislang war immer nur die Rede davon, zur Linderung der rheumatischen Beschwerden das Extrakt des Weihrauchharzes einzunehmen. Kann Weihrauch denn auch zur äußerlichen Anwendung bei entzündlichen rheumatischen Erkrankungen verwendet werden?

Die Antwort lautet Ja. Allerdings ist es unwahrscheinlicher, dass eine äußerliche Anwendung von Weihrauch eine solch positive Heilwirkung entfalten kann wie Tabletten oder Kapseln, die Weihrauchextrakt enthalten. Wie auch immer: Selbst wenn sie die Entzündung von außen nicht beeinflussen sollte, kann die äußerliche Anwendung von Weihrauch eine wohltuende Wirkung besitzen.

Am besten ist es, Sie besorgen sich Weihrauchöl. Achten Sie darauf, dass sie ein natürliches ätherisches Öl wählen. Dieses Öl können Sie bei rheumatischen Beschwerden nun vielseitig verwenden.

Sie können z. B. etwa fünf Tropfen Weihrauchöl unter eine Pflegecreme rühren und die betroffenen Gelenke mit dieser Mischung einreiben. Sie können selbstverständlich auch ein wenig Öl „pur“ auf die schmerzenden Gelenke auftragen. Achten Sie jedoch darauf, dass sie beim Einreiben des Gelenks sehr vorsichtig sind – massieren Sie es nicht zu intensiv, sondern tragen Sie die Creme einfach nur auf.

Weihrauchöl eignet sich auch als Badezusatz. Fügen Sie dem Badewasser einfach zehn Tropfen Öl hinzu und legen Sie sich in die Wanne und entspannen sich.

Ein heißes Bad sollten Sie allerdings nur nehmen, wenn die Entzündung im Gelenk gerade nicht akut ist und die Schmerzen zu groß sind, sonst

Von Einreibungen oder Bädern, die Weihrauch enthalten, sollten Sie sich nicht zu viel versprechen!

kann die Wärme die Schmerzen noch verstärken.

Weihrauch im Einsatz gegen chronisch-entzündliche Darmerkrankungen

Zu den chronisch-entzündlichen Darmerkrankungen zählen Morbus Crohn sowie Colitis ulcerosa. Die Ursachen für diese Krankheiten sind nicht bekannt, weshalb sie bislang nicht geheilt werden können. Man vermutet, dass diese Krankheiten zu den Autoimmunerkrankungen gehören, bei denen die Abwehrzellen des menschlichen Organismus aus bisher ungeklärtem Grund körpereigenes Gewebe angreifen.

Die chronische Entzündung bei Colitis ulcerosa und beim Morbus Crohn greift die Darmschleimhaut bzw. zusätzlich die Darmwände an.

Beide Krankheiten verlaufen in Schüben, das heißt, es existieren auch symptomfreie Zeiten für die Patienten (gesetzt den Fall, der Darm ist noch nicht allzu schwer geschädigt). Sowohl bei Morbus Crohn als auch bei Colitis ulcerosa kommt es während der Krankheitsschübe zu entzündlichen Veränderungen der Darmschleimhaut, in deren Folge starke Beschwerden auftreten können.

Während der Morbus Crohn im Einzelfall den gesamten Verdauungstrakt angreifen kann (meistens ist nur der letzte Dünndarmabschnitt betroffen), beschränkt sich die Krankheit Colitis ulcerosa auf den Dickdarm.

Der Verlauf von Morbus Crohn

Vom Beginn des Morbus Crohn bekommen viele Betroffene zunächst gar nicht viel mit bzw. sie halten die Symptome, mit denen sich die Erkrankung äußert, für simple Magen- und Darmbeschwerden. Oft beginnt die Erkrankung mit leichten Bauchschmerzen, hin und wieder kommen Durchfälle hinzu, in manchen Fällen nimmt der Patient ein wenig an Gewicht ab.

Während dieser Phase kommt es allerdings bereits zu entzündlichen Veränderungen der Darmschleimhaut sowie der Darmwände. In den meisten Fällen spielen sich diese Veränderungen am Übergang vom Dünndarm zum Dickdarm ab.

Je stärker die Krankheit fortschreitet, umso größer werden in der Regel auch die Beschwerden. Das ist kein Wunder, schließlich wird die Darmwand mehr und mehr geschädigt. Es bilden sich Geschwüre, die tief in die Darmwand hineinreichen können. Im Einzelfall kann es auch zu Perforationen des Darms kommen, die schnellstens behandelt werden müssen. Auch Schwellungen der Darmwand sind keine Seltenheit. Jetzt macht sich die Krankheit auch oft mit Blutbeimengungen im Stuhl sowie durch Afterabszesse (Eitereinschmelzungen im Gewebe) bemerkbar.

Herkömmliche Behandlung der Krankheit

Den Morbus Crohn behandelt man mit entzündungshemmenden Medikamenten, den so genannten Kortikoidsteroiden. Mit diesen Medikamenten kann die Krankheit in der Regel relativ gut unter Kontrolle gehalten werden. Der Nachteil: Sie können eine ganze Reihe Nebenwirkungen nach sich ziehen.

Manchmal reicht die Gabe dieser entzündungshemmenden Medikamente jedoch nicht aus. Dann ist es zudem erforderlich, Präparate zu verordnen, die die Immunreaktion zumindest teilweise unterdrücken. Diese Medikamente werden als Immunsuppressiva bezeichnet und müssen über einen längeren Zeitraum eingenommen werden. Dass diese Präparate sehr häufig hilfreich sind, weist darauf hin, dass die Vermutung, Morbus Crohn sei eine Autoimmunerkrankung, richtig sein könnte. Der Nachteil von Immunsuppressiva: Auch sie ziehen Nebenwirkungen nach sich; der Körper wird unter anderem anfälliger für Infektionen aller Art.

Hin und wieder bleibt es jedoch nicht aus, dass beim Morbus Crohn operiert werden muss. Wenn nötig und möglich werden die betroffenen Darmabschnitte entfernt. Eine Garantie, dass die Krankheit nicht an anderer Stelle wieder ausbricht, gibt es jedoch nicht. Manchmal müssen auch Darmverengungen beseitigt werden, weil es sonst zum lebensbedrohlichen Darmverschluss kommen könnte, oder Blutungen gestillt werden.

Manchmal sind chirurgische Eingriffe beim Morbus Crohn unvermeidlich.

Die herkömmliche Therapie des Morbus Crohn ist also insgesamt recht aufwändig und für den Patienten sehr belastend, unter anderem weil er weiß, dass seine Krankheit weder durch die Medikamente noch die Operationen geheilt wird.

Der Verlauf von Colitis ulcerosa

Die Dickdarmentzündung Colitis ulcerosa äußert sich in erster Linie durch heftige Bauchschmerzen, die in der Regel im Unterbauch lokalisiert sind, durch Appetitlosigkeit und Gewichtsabnahme, zum Teil auch durch Blutarmut infolge von Blutverlust. Hinzu kommen Durchfälle, denen Blut und Schleimspuren beigemengt sein können. Der Arzt diagnostiziert die Krankheit in der Regel durch eine so genannte Koloskopie, eine Spiegelung des Dickdarms, bei der ein Schlauch mit einem winzigen optischen Gerät (Endoskop) durch die Afteröffnung in den Dickdarm geschoben wird.

Colitis ulcerosa ist auf den Dickdarm beschränkt.

Die chronisch-entzündliche Darmerkrankung Colitis ulcerosa nimmt meistens im unteren Abschnitt des Dickdarms, dem Mast- oder Enddarm, ihren Anfang und kann dann nach und nach auf die anderen Teile des Dickdarms übergreifen. Die Schleimhaut des Dickdarms bei Colitis ulcerosa ist entzündet und gerötet, zum Teil blutet sie. Durch die entzündlichen Prozesse kann es zudem zu geschwürigen Veränderungen der Darmschleimhaut kommen. Manchmal treten auch Schleimhautwucherungen auf.

Sind die Abstände zwischen den einzelnen Schüben von Colitis ulcerosa ausreichend groß, kommt es durchaus vor, dass die Schleimhaut sich in der Zwischenzeit wieder erholt und die Veränderungen, die durch die entzündlichen Prozesse entstanden sind, wieder verschwinden. Ist das nicht der Fall oder nimmt die Krankheit einen zu heftigen Verlauf, kann es durchaus auch zum Schwund der Darmschleimhaut kommen. Vorbeugen kann der Patient den Schüben leider nicht.

Die herkömmliche Behandlung von Colitis ulcerosa

Auch gegen die Darmerkrankung Colitis ulcerosa werden Kortikosteroide eingesetzt, um die Entzündung einzudämmen. Wird das Präparat abgesetzt, ist es allerdings leider nicht selten der Fall, dass die Entzündung rasch wieder aufflammt. Neben den Kortikosteroiden kommen die Wirkstoffe Salazosulfapyridin und 5-Aminosalicylsäure zum Einsatz, die über einen längeren Zeitraum genommen werden müssen, um ein erneutes Aufflammen der Entzündung zu vermeiden. Wenn nötig, wird auch ein Medikament verordnet, das die Immunreaktion unterdrückt, um die Entzündung zum Abklingen zu bringen.

Zwar gibt es kein Heilmittel gegen Colitis ulcerosa, es gibt jedoch eine Möglichkeit, die Krankheit zum Erliegen zu bringen: die Entfernung des Dickdarms. Hierbei handelt es sich aber um eine sehr drastische „Heilmethode“, denn die Operation ist unwiderruflich und mit großen Konsequenzen für den Patienten verbunden. Die meisten Patienten, deren Dickdarm entfernt wurde, erhalten einen künstlichen Darmausgang, was große seelische Belastungen hervorrufen kann. Deshalb versucht man heute – wenn möglich – den Dünndarm so zu verlegen, dass der Stuhl aus dem Dünndarm über den After ausgeschieden werden kann. Doch auch das kann zu großen Belastungen für den Patienten führen. Eine Entfernung des Dickdarms wird deshalb in der Regel nur dann in Erwägung gezogen, wenn der Patient aufgrund anhaltender großflächiger Zerstörungen der Darmschleimhaut unter großen Schmerzen leidet oder wenn es infolge der Krankheit zu krebsigen Veränderungen im Darm gekommen ist.

Hoffnung durch Weihrauch

Eine Studie, die 1997 von dem indischen Wissenschaftler I. Gupta veröffentlicht wurde, wird Patienten mit den chronisch-entzündlichen Darmerkrankungen Morbus Crohn und Colitis ulcerosa vielleicht ein wenig Hoffnung machen. Gupta setzte zur Behandlung von Colitis ulcerosa ein Präparat aus Weihrauchharzextrakt ein. Insgesamt 34 Patienten mit Colitis ulcerosa erhielten über einen Zeitraum von sechs Wochen dreimal täglich 350 mg Weihrauchextrakt. Bei 80 Prozent dieser Patienten stellte sich eine Besserung der entzündlich bedingten Veränderungen der Darmschleimhaut ein. Bemerkbar machte sich die Besserung der Krankheit auch durch den Rückgang der Bauchschmerzen und der Absonderung von Schleim und Blut mit dem Stuhl. Doch nicht nur das: Auch die Blutwerte verbesserten sich erheblich. Gupta schloss daraus, dass die Wirksamkeit von Weihrauchpräparaten bei Colitis ulcerosa nahezu identisch mit der herkömmlicher Medikamente ist. Der Vorteil der Weihrauchpräparate: Es zeigten sich so gut wie keine Nebenwirkungen.

Auch bei der Behandlung von Morbus-Crohn-Patienten zeigten Weihrauchpräparate eine positive Wirkung: Jeder zweite Patient berichtete, dass er sich nach der Einnahme des Weihrauchpräparats deutlich besser fühlte. Beispielsweise ließen bestehende Bauchkrämpfe nach, die Durchfälle wurden seltener und die Patienten fühlten sich insgesamt besser, da sie nach der Einnahme der Mittel weniger anfällig für Infektionen waren als zuvor.

Vermutet wird auch hier, dass Weihrauch aufgrund seiner leukotrienhemmenden Wirkung die entzündlichen Prozesse eindämmt, die sich bei Morbus Crohn und Colitis ulcerosa im Darm abspielen. Selbst wenn Weihrauch diese Erkrankungen genauso wenig heilen kann wie andere Medikamente, stehen mit den aus seinem Harz gewonnenen Präparaten

Weihrauchextraktpräparate erwiesen sich bei der Behandlung von Colitis ulcerosa als ähnlich wirksam wie Standardmedikamente.

wirksame Arzneimittel zur Verfügung, die weniger Nebenwirkungen nach sich ziehen als andere Medikamente. Allerdings muss die Wirksamkeit des Weihrauchharzextrakts noch durch weitere klinische Studien bewiesen werden, bevor abschließend geurteilt werden kann.

Sensationelle Berichte aus der Hirntumorforschung

Auf bestimmte Arten von Hirntumoren scheinen Weihrauchharzpräparate einen sehr günstigen Einfluss zu haben.

Geradezu märchenhaft erscheinen Meldungen, die vor nicht allzu langer Zeit in vielen Zeitungen zu lesen waren. Dort stand, dass Weihrauchpräparate auf bestimmte Arten von Gehirntumoren eine für den Patienten äußerst positive Wirkung hätten: Die Weihrauchharzextrakte würden das Wachstum der Krebszellen hemmen und den Tumorstoffwechsel dahin gehend beeinflussen, dass sich der Tumor sogar zurückentwickelt. Was ist nun dran an solch sensationellen Meldungen?

Glioblastome und Astrozytome – Tumoren des Gehirns

Zunächst ist es notwendig zu wissen, bei welcher Art von Hirntumoren Weihrauchpräparate als ergänzende Behandlung eingesetzt wurden. Es handelt sich dabei um die so genannten Glioblastome und Astrozytome. Mit diesen Begriffen können jedoch die wenigsten etwas anfangen, deshalb im Folgenden eine kurze Erklärung.

Bösartige Glioblastome

Im Gehirn gibt es verschiedene Arten von Zellen. Die bekanntesten sind wohl die Neuronen, die Nervenzellen, mit ihren langen Auswüchsen, die an Tentakel erinnern und die einzelnen Neuronen mit vielen anderen Neuronen in der Umgebung verbinden. Diese Neuronen sind unter anderem dafür zuständig, dass wir gedankliche Höchstleistungen vollbringen können.

Weiterhin gibt es die so genannten Gliazellen, die über das gesamte Hirn verteilt sind. Dabei handelt es sich um Zellen, die eine Art „Aufräum- und Wachfunktion" innehaben: Sie räumen z. B. abgestorbene Neuronen beiseite und sorgen unter anderem dafür, dass keine Krankheitserreger ins Hirn eindringen können. Für das reibungslose Funktionieren unseres Gehirns sind also auch diese Zellen von größter Wichtigkeit.

Genau wie die anderen Körperzellen (mit Ausnahme der Neuronen) werden die Gliazellen ständig erneuert – es bilden sich unter anderem durch Teilung immer wieder „frische" Gliazellen. Bei diesem genetisch festgelegten Programm kommt es leider manchmal zu Fehlern: Eine Zelle entartet und verwandelt sich in eine Krebszelle. Diese Krebszellen haben die unangenehme Eigenschaft, sich mit großer Geschwindigkeit zu vermehren und gesunde Zellen zu verdrängen und zu zerstören. Gesundes Gewebe stirbt ab, was lebensbedrohliche Folgen nach sich ziehen kann – vor allem, wenn diese Prozesse im Gehirn, der für das Ausmaß ihrer Aufgaben relativ kleinen Schaltzentrale unseres Körpers, ablaufen. Besonders bösartig, da sie sehr schnell wachsen, sind die Glioblastome genannten Tumoren, die sich aus krebsig entarteten Gliazellen entwickeln können.

Astrozytome, eine weitere Tumorart

Unter Astrozytomen versteht man Tumoren, die aus den so genannten Astrozyten entstehen, die ebenfalls zu Gliazellen gehören. Diese Zellen sind unter anderem für die Aufrechterhaltung der Blut-Hirn-Schranke zuständig, das heißt, sie sorgen dafür, dass längst nicht alle Substanzen, die im Blut vorkommen, auch das Hirn erreichen. Diese Blut-Hirn-Schranke ist sehr wichtig, denn sie bildet unter anderem einen Schutz gegen Krankheitserreger.

Wenn einige der Astrozyten krebsig entarten, vermehren sie sich – genau wie entartete Gliazellen – schneller als normale Zellen. Es entstehen ebenfalls Tumoren, die gesundes Hirngewebe verdrängen.

Im Unterschied zu den Glioblastomen sind die Tumoren der Astrozyten, die Astrozytome, zu Anfang jedoch noch nicht so aggressiv – in diesem Stadium sprechen sie noch relativ gut auf eine Behandlung an.

Glioblastome und Astrozytome gehören zu den gefährlichsten Hirntumoren.

Ödeme – Wasseransammlungen im Gehirn

Ein weiteres Problem, das sowohl mit den Glioblastomen als auch den Astrozytomen einhergeht, besteht darin, dass sich rund um den Tumor eine Gewebswasseransammlung bildet. Diese Wasseransammlungen bezeichnet man als peritumorale Ödeme, die starke Beschwerden hervorrufen können. Beim Patienten können sich die Ödeme unter anderem durch Lähmungserscheinungen, durch starkes Kopfweh, durch Übelkeit, aber auch durch Seh- und Sprachstörungen bemerkbar machen.

Der Grund, warum rund um den Tumor ein Ödem entsteht: Durch den

Tumor kommt es zur vermehrten Bildung von Entzündungsmediatoren, den Leukotrienen. Durch ihre Einwirkung auf das umliegende Gewebe entstehen die Ödeme.

Herkömmliche Behandlung von Astrozytomen und Glioblastomen

Krebserkrankungen gehören selbstverständlich immer in ärztliche Behandlung. Allerdings sind die medizinischen Möglichkeiten – wie man sich leicht vorstellen kann – bei Hirntumoren beschränkt. Soweit eine Operation möglich ist (das ist unter anderem vom Ausmaß und vom Sitz des Tumors abhängig), wird dem Patienten ein chirurgischer Eingriff ans Herz gelegt. Doch selbst wenn sich der Tumor entfernen lässt, gibt es keine Garantie dafür, dass sich an anderer Stelle des Gehirns nicht ein neuer bildet. Denn oft befinden sich noch krebsig entartete Zellen im Hirngewebe, die nicht chirurgisch entfernt werden können.

Wenn eine Operation möglich ist, wird der Arzt sie bei einem Hirntumor durchführen wollen.

Im Anschluss an eine Operation folgen deshalb stets eine Strahlen- und eine Chemotherapie. Mithilfe von radioaktiver Strahlung versuchen die Ärzte alle krebsig entarteten Zellen zu zerstören. Bei der Chemotherapie erhält der Patient Medikamente, so genannte Zellgifte oder Zytostatika, durch die die Krebszellen abgetötet werden sollen.

Strahlen- und Chemotherapie haben leider einen Nachteil: Neben den Krebszellen werden auch immer gesunde Zellen angegriffen (z. B. festzustellen am Haarausfall infolge einer solchen Therapie). Außerdem kann nicht mit Sicherheit gesagt werden, ob durch diese Therapieformen wirklich alle Krebszellen ausgelöscht werden. Es besteht also auch nach Durchführung dieser Therapieformen die Gefahr, dass es zur Neuentwicklung eines Tumors kommt.

Gegen die peritumoralen Ödeme geht die Medizin mit Kortison an. Kortison ist ein entzündungshemmendes Medikament, das die Ödeme zum Abschwellen und damit dem Patienten eine Linderung seiner Beschwerden bringen soll. Leider kann eine Behandlung mit Kortison zahlreiche Nebenwirkungen nach sich ziehen, dennoch ist sie in der Regel unerlässlich.

Wie kann Weihrauch helfen?

Im Kampf gegen die bösartigen Hirntumoren erinnerten sich die Forscher an die leukotrienhemmende Wirkung der Boswelliasäuren aus dem Weihrauch. Und tatsächlich: In einer Untersuchung der Universität

Gießen, bei der Glioblastom-Patienten Weihrauchpräparate verabreicht wurden – allerdings nur für die Dauer von sieben Tagen. Dennoch stellten die Wissenschaftler fest, dass die Größe der peritumoralen Ödeme in dieser Zeit zurückging. Die Patienten berichteten, dass sich auch ihr Wohlbefinden steigerte, dass z. B. Kopfschmerzen und Übelkeit sich verringerten. Die Weihrauchharzpräparate waren sogar wirksamer als das normalerweise verabreichte Kortison. Der Grund, warum die Weihrauchpräparate überhaupt eine Wirkung auf Strukturen im Gehirn zeigen: Sie können die Blut-Hirn-Schranke überwinden, denn sie sind fettlöslich.

So positiv die Ergebnisse dieser Untersuchung auch sein mögen, sie dauerte nicht lang genug und es nahmen zu wenig Patienten an ihr teil, als dass man bereits mit Sicherheit sagen könnte, dass Weihrauchpräparate dauerhaft die peritumoralen Ödeme in Schach halten könnten.

Eine weitere Studie, die an einer Wiener Kinderklinik an Glioblastom-Patienten durchgeführt wurde, kam leider zu weniger ermutigenden Ergebnissen, was vielleicht auch daran lag, dass die Krankheit bei den betroffenen Kindern schon recht weit fortgeschritten war. Den Kindern wurde ebenfalls ein Weihrauchpräparat verabreicht mit dem Ziel, die Größe der peritumoralen Ödeme zu reduzieren. Das gelang allerdings nicht in dem Maße, wie es sich die Wissenschaftler vorgestellt hatten. Weitere Untersuchungen, an denen Patienten mit geringeren Symptomen teilnehmen, sollen jedoch noch folgen.

Kann Weihrauch den Tumor beeinflussen?

Bei Versuchen mit Hirntumorzellen im Reagenzglas wurde auch die Wirkung von Boswelliasäuren auf die Krebszellen untersucht. Und tatsächlich: Es gelang den Forschern durch die Zugabe der Boswelliasäuren aus dem Weihrauchharz, das Wachstum bzw. die Vermehrung der Krebszellen einzudämmen, zum Teil starben sie sogar ab. Auch im Tierversuch zeigten die Boswelliasäuren eine ähnliche Wirkung auf den Gehirntumor. Es wird davon ausgegangen, dass die Leukotriene, deren Bildung die Boswelliasäuren hemmen, auch einen Einfluss auf das Wachstum der Tumoren haben.

Daraufhin beschlossen der Pharmakologe Prof. Dr. Thomas Simmet von der Ruhruniversität Bochum und Wissenschaftler der Gießener Universität zu untersuchen, welche Auswirkungen die Boswelliasäuren auf die Hirntumoren selbst haben. In ersten

Selbst wenn die Ergebnisse von Behandlungen mit Weihrauchpräparaten bei Hirntumoren optimistisch stimmen, müssen erst noch weitere Untersuchungen diese Resultate untermauern, bevor Weihrauch als Standardmedikament zur Behandlung von Hirntumoren zugelassen werden.

Anscheinend können Weihrauchharzpräparate das Wachstum der Krebszellen bremsen.

klinischen Testreihen gelang es bei 25 Patienten, durch die Gabe von Weihrauchharzpräparaten das Wachstum bzw. die Vermehrung der Krebszellen und damit des Tumors einzudämmen. Der Stoffwechsel des Tumors wurde anscheinend durch die Boswelliasäuren gehemmt. Bei etwa der Hälfte der Patienten ließ sich trotz kurzer Behandlungsdauer ein Rückgang der Tumoren feststellen.

Da diese Ergebnisse noch nicht ausreichen, um endgültige Aussagen über die Wirkung von Boswelliasäuren auf Hirntumoren zu treffen, sollen nun Langzeitstudien genauere Resultate erbringen. Vor allem soll auch noch geprüft werden, wie Weihrauchpräparate dosiert, wie lange sie genommen werden müssen und ob sich nach längerer Einnahme Nebenwirkungen zeigen.

In jedem Fall sind die Ergebnisse aus der Hirntumorforschung sowohl für Glioblastom- als auch für Astrozytompatienten äußerst ermutigend. Denn auch wenn sie sich einer herkömmlichen Behandlung unterziehen, haben die meisten Betroffenen, deren Erkrankung bereits fortgeschritten ist, eine Lebenserwartung von nur noch etwa elf Monaten. Selbst wenn Weihrauchpräparate nur eine Linderung der Beschwerden bei Hirntumoren verschaffen sollten, wird es sich für die meisten Patienten lohnen, sie einzunehmen. Denn teilweise kommt es ja zu solch massiven Beschwerden wie Seh- und Sprachstörungen.

Ein paar Verhaltensregeln für Hirntumorpatienten

- *Die Auswahl der Therapie dem Arzt überlassen*
- *Eine herkömmliche Behandlung mit Operation, Chemo- und Strahlentherapie nicht ablehnen*
- *Die verschriebenen Medikamente nicht eigenmächtig absetzen, selbst wenn sie schlecht vertragen werden*
- *Weihrauchpräparate nur in Absprache mit dem behandelnden Arzt einnehmen*

Ist eine eigenmächtige Behandlung mit Weihrauchpräparaten sinnvoll?

Dass Weihrauchpräparate möglicherweise eine positive Auswirkung auf Hirntumoren haben, heißt nicht, dass man eine herkömmliche Behandlung mit Operation, Strahlen- und Chemotherapie ablehnen und sich allein auf die Wirkungen des Weihrauchharzes verlassen sollte. Eine solche eigenmächtige Therapie kann tödlich sein. Wer unter einem

Hirntumor leidet, sollte Weihrauch daher höchstens zusätzlich zur herkömmlichen Therapie einsetzen und nur nach Absprache mit dem behandelnden Arzt. Schließlich muss gerade bei so schwerwiegenden Erkrankungen wie Krebs der Arzt wissen, welche Medikamente sein Patient einnimmt.

Mögliche Hilfe bei weiteren Erkrankungen

In der traditionellen indischen Medizin wird das Weihrauchharz bei vielen Erkrankungen schon seit langer Zeit eingesetzt, unter anderem bei Atemwegserkrankungen und Leberschäden. Man hat heute herausgefunden, dass an der Entstehung vieler der Krankheiten, bei denen Weihrauch verwendet wird, Leukotriene beteiligt sind, deren Bildung durch die Boswelliasäuren aus dem Weihrauch gehemmt wird. Deshalb hält es auch die Schulmedizin längst nicht mehr für abwegig, dass Präparate, die aus dem Weihrauchharz gewonnen werden, bei vielen dieser Krankheiten hilfreich sein können.

Im Folgenden werden die Erkrankungen vorgestellt, auf die Weihrauchpräparate möglicherweise eine günstige Wirkung haben.

Asthma: wenn das Atmen schwer fällt

Asthma bronchiale ist eine Erkrankung, bei der die Bronchien, die kleinen Verästelungen der Luftröhre, sich krampfartig zusammenziehen. Zudem sondert die Schleimhaut der Bronchien einen zähen Schleim ab, der die Atemwege undurchlässiger macht. Ein Patient, der unter Asthma leidet, hat infolge der Bronchialkrämpfe und der Schleimproduktion der Bronchien vor allem Schwierigkeiten mit dem Ausatmen. Bei einem schweren Asthmaanfall kann es zu akuter Atemnot kommen.

Möglicherweise lindert Weihrauch die Beschwerden bei Asthma bronchiale.

Ausgelöst wird Asthma vor allem durch allergische Reaktionen auf bestimmte Stoffe (z. B. Pollen, Tierhaare und Ähnliches). Aber auch infolge einer Erkältungskrankheit, die auf die Bronchien übergreift, kann es zu Asthmaanfällen kommen.

Was kann Weihrauch für Asthmakranke tun?

Heilen kann Weihrauch Asthma wahrscheinlich nicht, Weihrauchharzpräparate können aber vermutlich dazu beitragen, dass es zu weniger schweren Asthmaanfällen kommt bzw. sich die Erkrankung nicht verschlimmert. Denn die Boswelliasäuren hemmen die Leukotrienaktivität, durch die die entzündlichen Prozesse, die beim Asthma in den Bronchien ablaufen, verstärkt werden.

Als Medikament für den akuten Asthmaanfall ist Weihrauch ungeeignet!

Es kann daher zur Vorbeugung von Asthmaanfällen durchaus sinnvoll sein, ein Weihrauchpräparat einzunehmen. Als Notfallmedikament für den akuten Anfall eignet sich Weihrauch jedoch nicht – der Patient muss in diesen Fällen auf die altbewährten Medikamente, die in der Regel Kortison enthalten, zurückgreifen. Auch sollten die Präparate, die der Arzt verordnet hat, nicht einfach durch den Extrakt aus dem Weihrauchharz ersetzt werden. Weihrauch sollte höchstens ergänzend zu den anderen Mitteln genommen werden. Fragen Sie jedoch zuvor Ihren Arzt, bevor Sie zu Weihrauchpräparaten greifen.

Heuschnupfen, die quälende Allergie

Allergien treten in unserer Zeit immer häufiger auf – etwa 25 Prozent der Bevölkerung in Deutschland leiden unter irgendeiner Form der Allergie. Besonders oft kommt es zum so genannten Heuschnupfen (Rhinitis allergica), der allerdings längst nicht immer durch das namengebende Heu, sondern durch eine Vielzahl von Stoffen ausgelöst wird. Beispielsweise können Gräser- und Blütenpollen, aber auch Tierhaare oder der Kot der Hausstaubmilbe Heuschnupfen auslösen.

Doch was ist nun eigentlich eine Allergie? Es handelt sich dabei um eine Überempfindlichkeit gegen an sich harmlose Stoffe, um eine überschießende Reaktion des körpereigenen Immunsystems. Durch den Kontakt mit diesen Stoffen wird eine körperliche Reaktion ausgelöst – bei Heuschnupfen schwellen unter anderem die Schleimhäute in der Nase an und sondern ein dünnflüssiges Sekret ab. Hinzu kommt meistens noch eine Bindehautentzündung – die Augen sind gerötet und tränen.

Warum manche Menschen eine Allergie entwickeln, andere jedoch nicht, ist bislang noch nicht vollständig klar. Vermutlich muss eine erbliche Veranlagung vorliegen, aber auch übermäßige Hygiene wird mit der Entstehung von Allergien in Verbindung gebracht. Einige Wissenschaftler glauben, dass das Immunsystem sich wegen der verbesserten Hygienebedingungen nicht mehr ausreichend mit Krankheitserregern auseinander setzen kann und sich deshalb andere Stoffe „sucht“, gegen die es aktiv werden kann. Und das können dann so harmlose Substanzen wie Gräserpollen sein. Dringen diese in den Körper ein, haben sie z. B. Kontakt mit den Schleimhäuten, geht das körpereigene Abwehrsystem davon aus, dass es sich um einen schädlichen Stoff handelt, den es zu bekämpfen gilt. Es bildet daraufhin Abwehrstoffe, die so genannten Antikörper. Diese Antikörper docken nun an den in den Schleimhäuten des Körpers befindlichen Mastzellen an und „lauern“ förmlich darauf, dass das Allergen (so nennt man einen Stoff, der allergische Reaktionen hervorruft) erneut mit dem Körper in Kontakt kommt. Ist das der Fall, docken die Antikörper rasch an das Allergen an und lösen dadurch wiederum eine Reaktion der Mastzellen aus. Diese schütten Substanzen aus, die die Schleimhäute anschwellen und z. B. ein Sekret absondern lassen. Unter anderem sind an dieser Reaktion auch Leukotriene, die Entzündungen hervorrufen, beteiligt.

Weihrauch gegen allergischen Schnupfen

Möglicherweise fällt durch die Einnahme von Weihrauch die allergische Reaktion beim Kontakt mit dem Allergen ein wenig „sanfter“ aus als sonst. Schließlich hemmen die Boswelliasäuren die Bildung von Leukotrienen und damit müsste auch die allergische Reaktion zumindest etwas eingedämmt werden.

Wenn Sie unter Heuschnupfen leiden, können Sie (nach Absprache mit dem Arzt) ruhig einmal ein Weihrauchpräparat ausprobieren. Dieses Mittel sollten Sie täglich in der Dosis einnehmen, die Ihnen der Arzt angeraten hat. Falls Sie weitere Medikamente gegen die Allergie nehmen, sollten Sie den Arzt fragen, ob Sie diese weiternehmen sollen – eigenmächtig absetzen sollten Sie sie nicht.

Nesselsucht – eine weitere Allergie

Auch die Nesselsucht (Urticaria) ist zu den allergischen Erkrankungen zu zählen. In der Regel werden die roten Quaddeln auf der Haut durch ein Nahrungsmittel, das nicht vertragen wird, oder aber durch einen Stoff, der direkt mit der Haut in Kontakt gerät, hervorgerufen. Genau wie bei allen anderen allergischen Erkrankungen liegt auch bei der Nesselsucht eine Überempfindlichkeit gegen eigentlich harmlose Substanzen vor.

Eine allergische Reaktion wird immer durch eine fehlgelenkte Aktivität des Immunsystems hervorgerufen.

Genau wie beim Heuschnupfen lohnt es sich auszuprobieren, ob Weihrauchextrakte die Symptome dieser Allergie lindern können – schließlich gehen die Inhaltsstoffe des Weihrauchharzes gegen die Leukotriene vor, die maßgeblich an der Entstehung der allergischen Reaktion beteiligt sind. Nehmen Sie nach Absprache mit dem Arzt täglich zur Vorbeugung Weihrauchkapseln ein. Sie können Weihrauch aber auch äußerlich zur Behandlung der Symptome einsetzen. Reiben Sie die betroffenen Stellen einfach mit etwas Weihrauchöl ein oder nehmen Sie ein Bad, dem Sie etwa zehn Tropfen Weihrauchöl beigefügt haben.

Wenn die Bauchspeicheldrüse entzündet ist

Die Bauchspeicheldrüse ist ein lebenswichtiges Organ, das unter anderem an der Verdauung beteiligt ist. Sie stellt eine Flüssigkeit, den Bauchspeichel, her, der durch einen Verbindungsgang an den Zwölffingerdarm weitergeleitet wird. Der Bauchspeichel enthält Enzyme, die den Nahrungsbrei so weit aufspalten, dass wertvolle Nährstoffe durch die Darmschleimhaut zu den Körperzellen transportiert werden können. Außerdem produziert die Bauchspeicheldrüse, die auch Pankreas genannt wird, lebensnotwendige Hormone, z. B. Insulin.

Wenn die Bauchspeicheldrüse entzündet ist, kann die Nahrung vom Körper nicht richtig verwertet werden.

Kommt es zu einer Entzündung der Bauchspeicheldrüse, hat das schwerwiegende Folgen für den gesamten Organismus. Sie stellt nicht mehr genug Bauchspeichel her, sodass die Nahrung nicht mehr aufgespalten werden kann und eine Versorgung des Körpers mit lebenswichtigen Nährstoffen nicht länger gewährleistet ist. Aus diesem Grund muss sofort der Arzt aufgesucht werden, wenn der Verdacht auf Bauchspeicheldrüsenentzündung besteht.

Verursacht wird eine Entzündung der Bauchspeicheldrüse unter anderem durch übermäßigen Konsum von Alkohol, aber auch durch Infektionen. Eine solche Entzündung äußert sich vor allem durch starke Bauchschmerzen. Aber auch eine Gewichtsabnahme geht mit einer Bauchspeicheldrüsenentzündung oft einher.

Wie Weihrauch helfen kann

Wie bei vielen entzündlichen Prozessen sind auch an der Bauchspeicheldrüsenentzündung maßgeblich Leukotriene beteiligt. Es kann deshalb sinnvoll sein, zusätzlich zur medikamentösen Behandlung Weihrauchpräparate einzunehmen. Allerdings muss eine solche Zusatzmedikation zuvor mit dem Arzt abgesprochen werden, schon allein um Wechselwirkungen zwischen dem Weihrauchpräparat und den anderen Medikamenten auszuschließen.

Weihrauch und Mukoviszidose

Die Mukoviszidose oder zystische Fibrose ist eine angeborene Stoffwechselkrankheit. Bei dieser Krankheit sondern die Schleimdrüsen im Körper, vor allem die der Atemwege und der Bauchspeicheldrüse, einen zähen Schleim ab. Die Folge: Die Ausführungsgänge der Drüsen verstopfen und als Konsequenz können die betroffenen Organe ihre Funktion nicht mehr vollständig wahrnehmen. Es kann sogar so weit kommen, dass Gewebe abstirbt.

Von der Mukoviszidose sind vor allem die Atemwege betroffen – den Patienten fällt das Atmen schwer, sie husten häufig und der ständig hergestellte Schleim muss in regelmäßigen Abständen z. B. durch Klopfmassagen gelöst werden. Auch die Verdauung bereitet große Probleme, da es der Bauchspeicheldrüse nicht gelingt, eine ausreichende Menge Bauchspeichel an den Darm abzugeben. Dieser Bauchspeichel ist jedoch notwendig, damit die Nährstoffe aus der Nahrung gelöst und an die Körperzellen weitergegeben werden können. Daher kommt es insbesondere bei betroffenen Kindern zu Gedeihstörungen.

Bislang gibt es kein Medikament, das diese schwerwiegende Erkrankung heilen könnte. Vieles deutet aber darauf hin, dass Weihrauchpräparate zumindest dazu beitragen können, die Symptome zu mildern. Denn an der Entstehung der Beschwerden sind wiederum unsere alten Bekannten, die Leukotriene, beteiligt, deren Herstellung durch die Boswelliasäuren aus dem Weihrauchharz gehemmt wird.

Wer unter Mukoviszidose leidet, sollte daher unbedingt einmal mit seinem Arzt über die Einnahme eines Weihrauchpräparats sprechen. Weihrauch in Kapsel- oder Tablettenform kann zusätzlich zur herkömmlichen Therapie eingenommen werden.

Mukoviszidose ist eine schwere, angeborene Erkrankung.

Schuppenflechte – das Leiden, das die Seele belastet

Die Schuppenflechte, auch Psoriasis genannt, ist eine Krankheit, bei der sich auf der Haut rote Flecken mit silbrig-weißen Schuppen bilden. In vielen Fällen sind vor allem die Arme und Beine sowie die Hände betroffen. Zwar ist die Schuppenflechte weder ansteckend noch schmerzhaft, doch sie wirkt sehr unschön und die meisten Betroffenen leiden sehr unter der Krankheit. Nicht selten geht die Schuppenflechte mit entzündlichen Veränderungen an den Gelenken (vor allem denen der Finger und der Zehen) einher, die zum Teil recht große Schmerzen hervorrufen können.

Die genauen Ursachen für die Entstehung der Schuppenflechte sind bislang nicht bekannt, doch es gilt mittlerweile als sicher, dass Stress Ausbruch und Fortschreiten der Krankheit begünstigt.

Was kann Weihrauch für Psoriasis-Kranke tun?

Leider wird es wohl kaum gelingen, mithilfe von Weihrauchpräparaten die Schuppenflechte zu heilen. Aber die Extrakte aus dem Weihrauchharz können sich durchaus günstig auf die Krankheit auswirken, vor allem auf die Gelenkerkrankung, die mit der Schuppenflechte oft einhergeht. Die Boswelliasäuren aus dem Weihrauch können dazu beitragen, dass die Schmerzen und die Schwellungen der Gelenke zurückgehen. Allerdings sollten Sie vor einer Behandlung mit Weihrauch mit dem Arzt sprechen.

Geheilt wird die Schuppenflechte auch durch Weihrauchharzpräparate nicht.

Gegen die Hautsymptome kann Weihrauchöl eingesetzt werden. Am besten geben Sie ein paar Tropfen Weihrauchöl in ein Waschbecken mit nicht allzu warmem Wasser und baden die Arme darin, wenn vor allem diese von der Krankheit betroffen sind. Sie können auch ein Vollbad nehmen, dem Sie bis zu zehn Tropfen Weihrauchöl beifügen.

Vielleicht ist es Ihnen aber auch lieber, wenn Sie eine Salbe, die Weihrauch enthält, auf die betroffenen Hautstellen auftragen. Mischen Sie unter einen Klecks milder Creme zwei bis drei Tropfen Weihrauchöl und verteilen Sie die Creme vorsichtig auf den betroffenen Hautstellen.

Beschwerden, bei denen Weihrauch helfen kann

- *Einfache Erkältungskrankheiten*
- *Hals- und Rachenentzündung*
- *Kopfschmerzen*
- *Erschöpfung*
- *Nervosität*
- *Unreine Haut*
- *Zahnfleischentzündung*

Weihrauch gegen kleinere Beschwerden

Während Sie bei allen schwerwiegenderen Erkrankungen unbedingt den Arzt konsultieren müssen, um eine angemessene Therapie einzuleiten, können Sie zur Behandlung kleinerer Beschwerden ruhig einmal Weihrauchpräparate einsetzen. Denn es deutet vieles darauf hin, dass das Weihrauchharz bei einer Reihe kleinerer Beschwerden durchaus hilfreich sein kann.

Weihrauch bei Erkältungen

Mindestens einmal im Jahr erwischt es einen bestimmt: Man ist erkältet, man fühlt sich matt und abgeschlagen, die Nase läuft oder ist verstopft und der Husten quält. Leider hat die moderne Medizin immer noch kein Mittel gefunden, mit dem sich Erkältungen heilen ließen (bei der großen Anzahl der Viren, die Erkältungen verursachen auch kein Wunder), aber zumindest gegen die lästigen Symptome kann man etwas unternehmen. Wer stark unter Husten oder Schnupfen zu leiden hat, für den empfiehlt sich Weihrauch – vor allem wenn der Husten oder Schnupfen noch festsitzt.

Die Inhaltsstoffe des Weihrauchharzes tragen dazu bei, dass sich der Schleim löst, sodass man wieder besser durchatmen kann. Wenn Sie möchten, können Sie Weihrauch in Kapselform einnehmen, doch insbesondere bei Husten und Schnupfen wirken auch Inhalationen mit Weihrauch Wunder.

Zum Inhalieren benötigen Sie Weihrauchöl (erhältlich z. B. in der Apotheke oder in Naturkosmetikläden), eine Schüssel oder einen Topf mit heißem Wasser und ein Handtuch. Geben Sie drei bis vier Tropfen Weihrauchöl (bei Kindern höchstens die Hälfte) in das heiße Wasser, rühren Sie kurz um und halten Sie Ihren Kopf über das Wasser, sodass die Dämpfe in Nase und Rachen steigen können. Bitte Vorsicht, dass Sie sich nicht verbrühen! Legen Sie nun das Handtuch über Ihren Kopf und atmen Sie die Weihrauchdämpfe ein. Die Inhalation beenden Sie, wenn das Wasser abgekühlt ist und keine Dämpfe mehr aufsteigen.

Um die Bronchien vom Schleim zu befreien, können Sie auch zwei bis drei Tropfen Weihrauchöl auf einen Wattebausch tropfen und diesen unter Ihr Schlafanzugoberteil auf Ihre Brust legen und über Nacht einwirken lassen. Achtung! Für Kleinkinder ist diese Anwendung nicht geeignet!

Wenn eine Erkältung sich nach etwa drei Tagen nicht bessert, sollten Sie den Arzt aufsuchen!

Wenn der Hals wund ist

Eine Hals- oder Rachenentzündung ist oft eine unangenehme Begleiterscheinung einer Erkältung. Der Hals fühlt sich wund an und das Schlucken fällt schwer. Gegen diese Beschwerden können Sie unproblematisch Weihrauch einsetzen; bei einem Verdacht auf Mandelentzündung ist allerdings der Besuch beim Arzt unerlässlich, denn diese muss in der Regel mit einem Antibiotikum behandelt werden, damit sich die Entzündung nicht auf weitere Organe des Körpers ausbreitet.

Gegen eine harmlose Hals- oder Rachenentzündung können Sie Weihrauchkapseln oder -tabletten einsetzen, um die Entzündung einzudämmen. Zudem können Sie einen

Becher zur Hälfte gefüllt mit lauwarmem Wasser nehmen, zwei bis drei Tropfen Weihrauchöl hinzufügen und mit dieser Mischung mehrmals täglich gurgeln. Vorsicht! Die Gurgellösung nicht herunterschlucken. Die Inhaltsstoffe des Weihrauchs werden sicher bald dafür sorgen, dass die Entzündungssymptome abklingen und Sie besser schlucken können.

Hilfe, mein Kopf tut mir so weh!

Wer öfter unter Kopfweh leidet, sollte eine Behandlung mit Weihrauch in Erwägung ziehen.

Kopfschmerzen sind für die Betroffenen eine Qual, vor allem wenn sie in regelmäßigen Abständen wiederkehren wie die Migräne oder die so genannten Spannungskopfschmerzen. Leider reagiert die Umwelt nicht immer mit Verständnis, denn schließlich sieht man es einem Menschen nicht zwangsläufig an, dass er unter zermürbendem Kopfweh leidet. Dem Kranken werden so „gute“ Ratschläge gegeben wie „Stell dich nicht so an“ oder „Geh ein wenig an die frische Luft, dann werden sich die Schmerzen schon legen.“ Kein Wunder, dass viele Betroffene über ihre Schmerzen nicht reden wollen.

Menschen, die häufig unter Kopfschmerzen leiden, sollten eine Weihrauchbehandlung in Erwägung ziehen. Selbst wenn sie gegen die spezielle Form der Kopfschmerzen schließlich doch nichts ausrichten sollte, Nebenwirkungen hat sie nicht. Eine Weihrauchbehandlung hat schon einigen Kopfschmerzpatienten geholfen, selbst wenn sie nicht an die Heilkraft des Weihrauchs geglaubt haben.

Am sinnvollsten ist es, Sie schaffen sich eine Aromalampe an. Eine solche Lampe besteht aus einem Unterteil, in das eine Kerze oder ein Teelicht gestellt wird, und einem Oberteil, einem Schälchen, in das Wasser und ein ätherisches Öl gegeben wird. Durch das Erhitzen der Flüssigkeit entsteht ein wunderbar aromatischer Duft. In das Schälchen einer solchen Aromalampe geben Sie Wasser und zwei bis vier Tropfen Weihrauchöl. Entzünden Sie die Kerze, atmen Sie die Dämpfe ein, die sich im ganzen Raum ausbreiten, und entspannen Sie sich. Es kann gut sein, dass Ihre Kopfschmerzen durch die Verbindung von Entspannung und Weihrauchduft ganz allmählich verschwinden.

Eine Warnung zum Schluss: Sollten Sie sehr häufig unter Kopfschmerzen leiden oder sollten die Schmerzen sehr stark sein, müssen Sie in jedem Fall den Arzt aufsuchen.

Die Volksleiden Erschöpfung und Nervosität

Die meisten von uns fühlen sich hin und wieder abgespannt, überlastet oder aber nervös. In diesen Fällen kann Weihrauch eingesetzt werden, denn seine Dämpfe entspannen und tragen dazu bei, dass sich die Nervosität legt.

Für die Anwendung von Weihrauch bei diesen Beschwerden empfiehlt sich der Einsatz einer Aromalampe, in deren Schälchen Wasser mit drei bis vier Tropfen Weihrauchöl vermischt wird. Auch ein Vollbad, dem etwa zehn Tropfen Weihrauchöl zugegeben werden, leistet gute Dienste bei Erschöpfung und Nervosität.

Störfaktor unreine Haut

Vor allem in der Pubertät bilden sich infolge der veränderten hormonellen Situation häufig störende Pickel und Mitesser. Die Haut wirkt fettig und unrein. Für die betroffenen Jugendlichen kann dies zu einer großen seelischen Belastung werden, auch wenn sie wissen, dass die Pickel in der Regel nach einiger Zeit von selbst wieder verschwinden.

Falls es sich nicht um eine behandlungsbedürftige starke Akne handelt, kann gegen die unreine Haut jedoch mit einem Weihrauchpräparat vorgegangen werden. Weihrauch beruhigt die Haut und hat eine entzündungshemmende Wirkung.

Zur Behandlung unreiner Haut benötigt man Weihrauchöl und Wattepads. Geben Sie ein wenig Weihrauchöl auf ein Wattepad und betupfen Sie die betroffenen Hautstellen damit. Wenn nötig, wiederholen Sie diese Prozedur mehrmals täglich. Falls Sie merken, dass das pure Öl Ihre Haut zu sehr angreift, mischen Sie einen Teelöffel Wasser mit ein bis zwei Tropfen Weihrauchöl, tränken Sie das Wattepad mit dieser Flüssigkeit und reiben Sie damit die betroffenen Hautstellen ab.

Unreine Haut lässt sich mit Weihrauchöl bekämpfen.

Weihrauch für das Zahnfleisch

Viele Menschen wissen gar nicht, dass Sie unter einer Entzündung des Zahnfleischs leiden. Zwar kommt es (z. B. beim Zähneputzen) hin und wieder zu Zahnfleischbluten, das jedoch häufig nicht ernst genommen wird. Dabei ist eine Zahnfleischentzündung unbedingt behandlungsbedürftig, da sich in ihrer Folge die Zähne aus ihrer Verankerung lösen und letztlich ausfallen können. Deshalb sollte bei Verdacht auf eine Zahnfleischentzündung (Parodontitis) zunächst der Zahnarzt aufgesucht werden. Allerdings kann und sollte zu Hause eine Nachbehandlung stattfinden. Zur Nachbehandlung von entzündetem Zahnfleisch eignen sich wegen ihrer entzündungshemmenden Wirkung Produkte aus dem

Weihrauchharz ganz vorzüglich. Mit Hilfe von Weihrauch können Sie selbstverständlich einer Zahnfleischentzündung bis zu einem gewissen Grad auch vorbeugen.

Geben Sie zwei Tropfen Weihrauchöl in einen Zahnputzbecher, der mit lauwarmem Wasser halb gefüllt ist. Diese Mischung bereiten Sie vor jedem Zähneputzen zu und spülen nach dem Putzen damit den Mund gründlich aus. Sie werden feststellen, dass Ihre Beschwerden bald zurückgehen.

Mundspülungen mit Weihrauchöl können Zahnfleischentzündungen positiv beeinflussen.

Wenn Sie unter einer starken Zahnfleischentzündung leiden, empfiehlt es sich, zusätzlich zur Mundspülung Kapseln oder Tabletten mit einem Weihrauchharzextrakt einzunehmen. Dadurch gehen die entzündlichen Prozesse vermutlich rascher zurück.

Die richtige Dosis macht's

Die richtige Dosis für die Weihrauchpräparate zu finden ist gar nicht so einfach. Schließlich kommt es ganz darauf an, unter welcher Krankheit man leidet und wie stark die Beschwerden sind. Bei schwerwiegenden Erkrankungen sollte sowieso immer der Arzt zurate gezogen werden, der Ihnen Dosierungsanweisungen geben wird. Ansonsten wurde z. B. bei der Behandlung von Hirntumoren herausgefunden, dass eine größere Dosis besser half als eine zu geringe. Bei einer Dosis von dreimal 1200 Milligramm Trockenextrakt zeigten sich die besten Wirkungen. Allerdings liegen bislang erst wenige Ergebnisse aus klinischen Studien vor, sodass nicht sicher ist, welches die beste Dosis ist.

Auch rheumatische Erkrankungen sprachen besser auf etwas höhere Dosen (3 x 400 Milligramm/Tag) an als auf zu niedrige, genauso chronisch-entzündliche Darmerkrankungen. Dennoch ist nicht gesagt, dass viel auch viel hilft – hier müssen noch weitere Erfahrungswerte gesammelt werden.

Jeder, der ohne ärztlichen Rat Weihrauchpräparate nimmt, sollte die tägliche Dosis auf maximal drei Tabletten oder Kapseln mit Trockenextrakt beschränken. Bei akuten oder starken Beschwerden dürfen es auch einmal sechs Tabletten (3 x 2 Tabletten) sein. Beachten Sie jedoch in jedem Fall auch die Dosierungsanleitung auf dem Beipackzettel. Falls Ihr Arzt Ihnen Dosierungsvorschriften gemacht hat, halten Sie sich daran!

Während der Schwangerschaft sollten Sie Weihrauchkapseln oder -tabletten im Übrigen nicht nehmen. Bislang ist nämlich noch nicht klar, ob die Inhaltsstoffe aus dem Weihrauchharz dem ungeborenen Kind schaden können. Deshalb ist es besser, auf Nummer Sicher zu gehen und diese Präparate nicht anzuwenden. Kinder sollten Sie ebenfalls nicht ohne weiteres mit Weihrauch selbst behandeln. Ihr Organismus ist noch nicht ausgereift, sodass die gleiche Dosis, die für Erwachsene empfohlen wird, bei Kindern Schaden anrichten könnte. Wünschen Sie Ihr Kind mit Weihrauchpräparaten zu behandeln, sprechen Sie zuvor mit Ihrem Arzt.

Auch wenn Sie Weihrauchöl, z. B. für eine Mundspülung oder ein Vollbad, verwenden, nehmen Sie nicht zu viel davon – ein paar Tropfen reichen völlig aus.

Nebenwirkungen nahezu unbekannt

Wie sieht es denn nun mit unerwünschten Wirkungen von Weihrauchkapseln oder -tabletten aus? Die meisten wirksamen Medikamente besitzen schließlich Nebenwirkungen.

In den Studien, die bislang mit Weihrauchpräparaten durchgeführt wurden, konnten keine schwerwiegenden Nebenwirkungen festgestellt werden. Bei der Behandlung chronischer Polyarthritis mit Weihrauchextrakten traten in seltenen Fällen begrenzte Hautrötungen, Durchfall sowie Übelkeit auf. Allerdings gaben die Patienten der Kontrollgruppe, die mit einem Scheinmedikament, einem Placebo, behandelt wurden, stärkere unerwünschte Wirkungen an als diejenigen, die Weihrauchpräparate erhielten.

Bei einer Studie, die an Colitis-ulcerosa-Patienten durchgeführt wurde, konnten keinerlei gravierende Nebenwirkungen ermittelt werden.

In Tierversuchen an Mäusen und Ratten erwies sich der Weihrauchextrakt erst bei einer Dosis von über zwei Gramm pro Kilogramm Körpergewicht für die Hälfte der Tiere als tödlich. Die Dosen, die Menschen bisher verabreicht wurden, zeigten auch im Tierversuch keine schädigende Wirkung.

Auch das Erbgut der Zellen scheint durch Weihrauchpräparate nicht verändert zu werden, was unter anderem bedeutet, dass der Weihrauchextrakt nicht Krebs erregend ist. Allerdings wollen die Wissenschaftler nicht ausschließen, dass der Extrakt aus dem Weihrauchharz bei empfindlichen Personen allergische Reaktionen hervorrufen kann – so wie im Prinzip alle Stoffe, seien sie für jemanden ohne allergische Veranlagung noch so harmlos, eine Allergie auslösen können.

Gravierende Nebenwirkungen scheinen Weihrauchpräparate nicht zu verursachen.

Bisher bekannte Nebenwirkungen von Weihrauchharzextrakten

- *Übelkeit*
- *Durchfall*
- *Hautrötungen, die sich jedoch auf bestimmte Hautgebiete beschränken*
- *Allergische Reaktionen*

Abschließende Ergebnisse über Wirkungen und Nebenwirkungen von Weihrauchharzpräparaten liegen noch nicht vor.

Auch wenn sich die bisherigen Forschungsergebnisse sehr positiv anhören, ein wenig Vorsicht ist bei der Einnahme von Weihrauchpräparaten noch immer geboten. Schließlich sind bislang erst wenige klinische Studien mit Weihrauchharzextrakt durchgeführt worden, die zwar erste Aufschlüsse über mögliche Nebenwirkungen geben können, doch bedarf es noch weiterer Forschungsresultate, um eine abschließende Bewertung geben zu können – auch, um mögliche Wechselwirkungen mit anderen Medikamenten festzustellen. Das ist auch ein Grund, warum Weihrauchpräparate in Deutschland noch nicht als Medikament zugelassen sind. Bis weitere Ergebnisse aus der Forschung vorliegen, sollte daher jeder verantwortungsvoll mit Weihrauchpräparaten umgehen. Beispielsweise sollten sie während einer Schwangerschaft nicht genommen werden. Kinder sollten nur im Einzelfall und nach Hinzuziehung eines Arztes mit Weihrauchpräparaten behandelt werden. Das Gleiche gilt bei schwerwiegenden Erkrankungen. Setzen Sie nie die verordneten Arzneimittel ab, um stattdessen zu Weihrauchpräparaten zu greifen. Wenn Sie Weihrauchtabletten oder -kapseln ausprobieren möchten, dann nur unter ärztlicher Aufsicht!

Wo erhält man Weihrauchpräparate?

Da Wirkungen und Nebenwirkungen des bereits in Indien sowie der Schweiz zugelassenen Medikaments durch klinische Studien noch nicht abschließend geklärt sind, wurde das Präparat H15 in Deutschland bislang noch nicht zugelassen (Stand: November 1998). Daher ist es in deutschen Apotheken auch nicht frei verkäuflich.

Dennoch kann es auch in Deutschland bezogen werden, denn alle Medikamente, die im Land, in dem sie hergestellt werden, zugelassen sind, können gegen Vorlage eines ärztlichen Rezepts auch von deutschen Apotheken bestellt werden. Möglicherweise ist es in dem Bundesland, in dem Sie leben, nicht möglich, das

Präparat aus der Schweiz zu beziehen. Dann gibt es immer noch die Möglichkeit, es aus Indien zu importieren. Machen Sie sich deshalb jedoch keine Sorgen: Das in Indien zugelassene Mittel ist identisch mit dem Präparat H15, das in der Schweiz hergestellt und verkauft wird.

Wenn Sie sich für das Weihrauchpräparat H15 interessieren, ist es daher notwendig, Ihren Arzt um ein Rezept zu bitten. Damit gehen Sie dann in eine Apotheke (am besten eine internationale Apotheke), die Ihnen das Mittel besorgt. Bezahlen muss der Patient das Präparat allerdings selbst. Die Kosten für eine Packung mit 100 Tabletten zu je 400 Milligramm Weihrauchextrakt lagen Ende 1998 bei etwa 90 DM. Andere Weihrauchharz- oder Olibanum-Präparate, beispielsweise reines Weihrauchharz oder Weihrauchöl, erhalten Sie ebenfalls in der Apotheke. Allerdings müssen Sie hierfür kein Rezept vorlegen – diese Mittel sind frei verkäuflich. Falls die Apotheke keine Weihrauchpräparate vorrätig hat, wird man sie dort gern für Sie bestellen. Sie können Ihr Glück aber ebenso gut einmal im Reformhaus oder Naturkosmetikladen versuchen – diese Geschäfte führen in der Regel ebenfalls Weihrauchharz bzw. Weihrauchöl.

Präparate aus Weihrauchharzextrakten muss der Patient aus eigener Tasche bezahlen.

Weihrauch für die Seele

Selbst wenn Sie nicht unter einer Krankheit leiden, können Sie von der heilsamen Wirkung des Weihrauchs profitieren, indem Sie die beruhigenden Dämpfe des Weihrauchharzes nutzen. Dazu bietet sich vor allem die Aromatherapie an, die Weihrauchöl verwendet; Sie können aber auch Weihrauchharz „pur" zum Räuchern anwenden oder Räucherstäbchen mit Weihrauchduft benutzen.

Weihrauch in der Aromatherapie

Unter Aromatherapie versteht man eine Heilmethode, die sowohl den Körper als auch die Psyche und die Emotionen positiv beeinflussen soll. Die Aromatherapie nimmt den Menschen stets in seiner Gesamtheit wahr; sie geht – im Gegensatz zur Schulmedizin – davon aus, dass körperliche Beschwerden durch ein gestörtes Zusammenspiel von Körper, Geist und Seele hervorgerufen werden. Die Aromatherapie versucht Körper, Geist und Seele wieder in Einklang zu bringen. Dabei erhebt sie jedoch nicht den Anspruch, schwerwiegende Krankheiten heilen zu können – die Aromatherapie wird bei Erkrankungen deshalb eher als zusätzliches Heilverfahren eingesetzt; insbesondere bei seelischen Beschwerden kann ihr Einsatz jedoch sehr hilfreich sein.

Die Aromatherapie selbst anwenden

Die Aromatherapie kann man problemlos selbst zu Hause durchführen – allerdings kann eine Anleitung durch einen erfahrenen Therapeuten sinnvoll sein, z. B. wenn man für ein spezielles Problem einen ganz speziellen Duft sucht.

Für die Aromatherapie benötigt man verschiedene ätherische Öle, die auf unterschiedliche Art und Weise auf Körper, Geist und Psyche einwirken. Zu diesen Ölen zählt Weihrauchöl.

Die Öle lassen sich auf die unterschiedlichste Weise einsetzen. Besonders gebräuchlich ist die Aromatherapie mithilfe einer so genannten Aromalampe. Dies ist eine Lampe, die aus einem Stövchen mit aufgesetzter Schale besteht, in die Wasser und ein paar Tropfen des jeweiligen Öls bzw.

Weitere Fragen zur Aromatherapie kann Ihnen ein darin erfahrener Therapeut beantworten.

Mit welchen Methoden die Aromatherapie arbeitet

- *Massage mit einem Gemisch aus ätherischen Ölen und einem neutralen Öl*
- *Einatmen von Raumdüften (z. B. bei Verwendung einer Aromalampe)*
- *Inhalationen mit ätherischen Ölen*
- *Heiße und kalte Kompressen mit ätherischen Ölen*
- *Öl als Badezusatz*

Weihrauchöl kann bei Atemwegsbeschwerden hervorragend zur Inhalation verwendet werden.

der jeweiligen Öle gefüllt werden. Dann entzündet man ein Teelicht oder eine andere kleine Kerze unter der Schale. Durch die Verdunstung können sich die Düfte im ganzen Raum ausbreiten und auf Körper, Geist und Seele einwirken.

Selbstverständlich können die ätherischen Öle auch zur Massage oder als Badezusatz verwendet werden. Zur Massage nimmt man jedoch nicht das pure ätherische Öl, man vermischt es mit einer Trägersubstanz, einem anderen pflanzlichen Öl. Als Badezusatz gibt man einige Tropfen des Öls ins Badewasser.

Auch zur Inhalation eignen sich viele der ätherischen Öle, je nachdem gegen welche Beschwerden man vorgehen möchte. Dazu benötigt man eine Schale oder einen Topf, in den man kochendes Wasser gießt. Dem Wasser fügt man einige Tropfen des jeweiligen Öls bei. Dann atmet man die Dämpfe ein, indem man seinen Kopf über den Topf bzw. die Schale hält und ihn mit einem Handtuch abdeckt. Dabei ist ein wenig Vorsicht geboten, damit es nicht zu Verbrühungen kommt. Für Kleinkinder eignen sich solche Inhalationen selbstverständlich nicht, für größere Kinder nur bedingt.

Im Rahmen der Aromatherapie kann man zudem Kompressen, die kaltes oder warmes Wasser sowie einige Tropfen des jeweiligen ätherischen Öls enthalten, auf die betroffenen Körperstellen auflegen. Auch diese Form der Aromatherapie kann heilsame Wirkung entfalten.

Mit dem Weihrauchduft gegen Stress angehen

Dem Weihrauchöl kommt im Rahmen der Aromatherapie folgende Bedeutung zu: Es wird vor allem zur Linderung belastender seelischer Zustände eingesetzt: bei Stress, bei Nervosität, bei Angst. Man sagt dem Weihrauchöl nach, dass es den Geist klärt und eine entspannende, beruhigende Wirkung entfaltet. Setzen Sie doch die Aromatherapie ruhig einmal am Abend nach einem anstrengenden Tag ein, wenn Sie sich matt, abgespannt, aber auch ein wenig nervös fühlen. Selbst wenn Sie keinerlei Wirkung verspüren sollten, schaden wird Ihnen die Aromatherapie auch nicht.

Auch bei Atemwegsbeschwerden kann man Weihrauchöl einsetzen. Die Dämpfe wirken schleimlösend und helfen festsitzenden Husten und Schnupfen zu lösen.

Räuchern, aber richtig

Auch durch das Räuchern entfaltet der Duft des Weihrauchharzes eine entspannende, ausgleichende Wirkung. In der Antike wurde das Räuchern zudem zur Desinfektion von Räumen eingesetzt – man sagte dem Räuchern mit Weihrauchharz nach, dass es Krankheitserreger abtötet. Heute wird das Räuchern mit Weihrauch ebenfalls noch in vielen Ländern der Welt praktiziert – und sei es nur, um ein angenehmes Raumklima zu schaffen.

Auch Sie können das Weihrauchharz zum Räuchern verwenden. Dazu benötigen Sie nur ein wenig reines Weihrauchharz (erhältlich in vielen Apotheken) sowie ein Stövchen zum Warmhalten von Getränken und ein engmaschiges Drahtgeflecht, das Sie auf dem Stövchen platzieren. Darauf legen Sie nun eine geringe Menge des Weihrauchharzes und entzünden die Kerze im Stövchen. Bald schon wird der Raum von angenehmen Düften erfüllt sein.

Der Duft, den das Weihrauchharz beim Räuchern entfaltet, soll desinfizierende Wirkung besitzen.

Falls Ihnen diese Art des Räucherns nicht behagt, können Sie auch Räucherstäbchen mit Weihrauchduft verwenden, um ein angenehmes Raumklima zu schaffen.

Weihrauch – ein Wundermittel?

Nachdem Sie nun so viel über die Anwendungsmöglichkeiten des Weihrauchs erfahren haben, werden Sie entweder hellauf begeistert oder aber skeptisch sein. Schließlich häufen sich in letzter Zeit im Fernsehen, in Zeitungen und Zeitschriften die Meldungen über vermeintliche „Wundermittel".

Bevor Sie jetzt aber Weihrauch in Bausch und Bogen ablehnen, sollten Sie daran denken, dass in der modernen Schulmedizin das Interesse an Pflanzen und pflanzlichen Produkten wächst. Denn schließlich versuchen die Wissenschaftler neue Stoffe zu finden, die möglicherweise bei Krankheiten helfen, für die bislang kein Heilmittel existiert. Dazu werden unter anderem Pflanzen und pflanzliche Produkte untersucht, die bislang in der Schulmedizin noch nicht zum Einsatz kamen.

Auch wenn er noch nicht ausreichend untersucht ist – der Extrakt des Weihrauchharzes zählt zu den Stoffen, in die die Forscher große Hoffnungen setzen. Ob diese Hoffnungen berechtigt sind, werden weitere Untersuchungen zeigen.

Das Für und Wider der Weihrauchtherapie

Solange ein Präparat in Deutschland seinen „Ritterschlag" durch die medizinische Zulassung noch nicht erfahren hat, haben viele Menschen Bedenken es anzuwenden. Verständlich, denn solche Arzneimittel haben oft einen etwas zweifelhaften Ruf. Das Weihrauchpräparat H15 jedoch ist bereits in Teilen der Schweiz sowie in Indien (und dort bereits seit vielen Jahren) zugelassen. Auch dort wurde das Präparat Prüfungen hinsichtlich seiner Wirksamkeit und Unbedenklichkeit unterzogen, wenn (insbesondere in Indien) vielleicht auch nicht in dem Maße, wie es in Deutschland üblich ist. Dennoch können die Patienten, die sich für eine Behandlung mit dem Extrakt des Weihrauchharzes entscheiden, davon ausgehen, dass sie kein Mittel nehmen, das ihrem Leben gefährlich wird. Diese Ansicht teilen im Übrigen auch die Wissenschaftler, die den Weihrauchextrakt im Rahmen klinischer Studien untersucht haben.

Viele Arzneimittel sind zuerst in anderen Ländern zugelassen, bevor sie auch in Deutschland auf den Markt kommen.

Zudem ist das Weihrauchpräparat H15 nur auf Rezept erhältlich. Wer es einnimmt, befindet sich also vermutlich in ärztlicher Behandlung, sodass mögliche Nebenwirkungen sofort erkannt werden und das Präparat abgesetzt werden kann, wenn unerwünschte Wirkungen auftreten.

Wer ein Weihrauchpräparat aufgrund einer schweren Erkrankung ausprobieren möchte, sollte das nur unter Aufsicht des behandelnden Arztes tun.

Für manche Patienten – vor allem für diejenigen mit schweren chronisch-entzündlichen Erkrankungen, für die es bislang kein Heilmittel gibt, und für Hirntumorpatienten – kann die Einnahme des Weihrauchpräparats sinnvoll sein. Sie sollten jedoch nicht von vornherein zu große Hoffnungen in das Medikament setzen, denn schließlich sind die in den bisherigen Studien aufgetretenen Heilwirkungen der Boswelliasäuren aus dem Weihrauchextrakt noch nicht ausreichend wissenschaftlich untermauert. Wenn das Mittel hilft, gut – wenn nicht, kann es immer noch abgesetzt werden. Eine Einnahme von Weihrauchextrakt bei schwerwiegenden Erkrankungen darf allerdings nur unter ärztlicher Aufsicht geschehen. Lebenswichtige oder schmerzlindernde Medikamente, die der Arzt verordnet hat, sollten zudem nicht auf eigene Faust abgesetzt werden. Treten Nebenwirkungen auf, die vermutlich auf die Einnahme von Weihrauchextrakt zurückgeführt werden, sollte das Mittel (nach Absprache mit dem Arzt) abgesetzt werden.

Bei kleineren Beschwerden können Sie Weihrauch in Form von Öl übrigens nahezu bedenkenlos einsetzen – das Weihrauchöl wird in anderen Kulturen seit vielen Jahren verwendet, ohne dass man bislang von gravierenden Nebenwirkungen gehört hätte. Auf die Anwendung von Weihrauchpräparaten aus dem Extrakt des Weihrauchharzes sollten Sie bei leichten Beschwerden allerdings lieber verzichten, bis die Heilwirkungen des Weihrauchs medizinisch erwiesen sind. Außerdem steht der Aufwand, der notwendig ist, um das Präparat zu besorgen (Arztbesuch, Bestellung des Präparats durch eine Apotheke), bei kleineren Beschwerden in keinem Verhältnis zum möglichen Nutzen. Viele geringe Gesundheitsprobleme können durch andere Mittel (auch durch Hausmittel) leichter und schneller bewältigt werden.

Ein bisschen Skepsis ist durchaus angebracht

So positiv die Meldungen, die Sie in den Zeitungen über Weihrauch lesen, auch sein mögen, seien Sie ruhig weiterhin ein wenig skeptisch. Sie wissen ja nun, dass die Präparate aus dem Weihrauchharz noch erprobt werden. Viele Zeitschriften vermitteln jedoch ein vollkommen anderes Bild: Sie jubeln Weihrauchpräparate hoch, ohne mitzuteilen, dass die Ergebnisse der bisherigen Untersuchungen noch in weiteren Studien nachgeprüft werden müssen. Dadurch wird leider ein falsches Bild vom Stand der Forschung vermittelt und es werden Hoffnungen geweckt, die möglicherweise dann doch nicht erfüllt werden können.

Auch wenn Sie lesen oder hören, dass sich durch die Aromatherapie mit Weihrauch schwerwiegende Krankheiten gebessert haben oder gar geheilt worden sind, sollten Sie besser skeptisch sein. Die Aromatherapie kann unbestritten eine positive Wirkung auf den Organismus – sowohl auf den Körper als auch auf die Seele – haben und zur Linderung von Beschwerden beitragen, doch es sind bislang keine Fälle bekannt, dass allein durch die Aromatherapie solche schweren Krankheiten wie Krebs oder entzündliche rheumatische Erkrankungen geheilt wurden. Dennoch: Zur Unterstützung anderer Heilmethoden kann die Aromatherapie durchaus sinnvoll sein.

Abschließend ist zu sagen, dass wir bestimmt noch viel über die Heilkräfte des Weihrauchharzes hören werden, so viel versprechend sind die bisherigen Ergebnisse. Doch sollten die Resultate weiterer klinischer Studien abgewartet werden, bevor ein abschließendes Urteil über die Wirkung des Weihrauchs gefällt werden kann.

Glauben Sie nicht alles, was die Zeitungen über Weihrauch und seine Wirkungen schreiben.

Glossar

Arachidonsäure: Eine ungesättigte Fettsäure, die dem Körper unter anderem mit der Nahrung zugeführt wird und aus der er Substanzen herstellt, die Entzündungen hervorrufen

Aromatherapie: Ganzheitliche Heilmethode, die zur Behandlung kleinerer körperlicher Beschwerden sowie seelischer und geistiger Unausgeglichenheit eingesetzt wird. Die Aromatherapie arbeitet mit ätherischen Ölen, die zur Massage oder zum Inhalieren eingesetzt werden. Die Aromatherapie ist Bestandteil der alternativen Heilkunde.

Astrozyten: Auch Sternzellen; Zellen, die im Gehirn vorkommen

Astrozytom: Bösartiger Hirntumor, der von den Astrozyten, den Sternzellen, ausgeht

Ayurveda: Altindische Heilkunde

Boswelliasäuren: Bestimmte Säuren, die bislang nur im Harz des Weihrauchbaums gefunden wurden und wahrscheinlich große Heilwirkung besitzen

Chronische Polyarthritis: Auch rheumatoide Arthritis; Entzündung der Gelenke, die eine Versteifung der Gelenke nach sich ziehen kann. Man vermutet, dass die Ursache der Krankheit in einer fehlerhaften Reaktion des Immunsystems liegt. Bislang gibt es kein Heilmittel für die chronische Polyarthritis.

Colitis ulcerosa: Chronisch-entzündliche Darmerkrankung, bei der es zu einer geschwürigen Entzündung des Dickdarms kommt

Enzym: Stoff, der der Auslöser für eine chemische Reaktion im Körper ist

Gicht: Gelenkerkrankung, die durch eine Ablagerung von Harnsäurekristallen in den Gelenken verursacht wird. Bei einem akuten Gichtanfall liegt eine schmerzhafte Entzündung im Gelenk vor.

Gliazellen: Zellen des Gehirns, die unter anderem eine Art Aufräumfunktion besitzen. Im Gegensatz zu Nervenzellen, den Neuronen, können sie sich vermehren.

Glioblastom: Sehr bösartiger Hirntumor, der von den Gliazellen ausgeht, rasch wächst und nur schwer chirurgisch zu entfernen ist

H15: Auch Sallaki; Medikament aus dem Extrakt des Weihrauchharzes, das unter Zuhilfenahme von Kenntnissen der ayurvedischen Medizin hergestellt wird

Immunsuppressiva: Medikamente, die die Arbeit des körpereigenen Immunsystems unterdrücken und z. B. bei Autoimmunerkrankungen eingesetzt werden

Leukotriene: Stoffe, die eine Entzündung auslösen und aufrechterhalten können. Sie werden vom Körper aus einem anderen Stoff, der Arachidonsäure, gebildet.

Lipoxygenase: Genauer: 5-Lipoxygenase; Enym, das die Arachidonsäure in Substanzen (Leukotriene) umwandelt, die Entzündungen auslösen

Lupus erythematodes: Gelenkerkrankung, bei der entzündliche Prozesse im Gelenk ablaufen und die vermutlich durch eine fehlerhafte Reaktion des Immunsystems ausgelöst wird. Diese Krankheit ist bislang nicht heilbar.

Morbus Bechterew: Entzündliche Gelenkerkrankung, von der die Gelenke der Wirbelsäule betroffen sind. Es gibt bislang kein Heilmittel.

Morbus Crohn: Auch Crohn'sche Krankheit; chronisch-entzündliche Darmerkrankung, von der vor allem das Ende des Dünndarms, aber auch der Rest des Dünndarms sowie der Dickdarm betroffen sein können

Mukoviszidose: Auch zystische Fibrose; angeborene, bislang nicht heilbare Stoffwechselkrankheit

Peritumorales Ödem: Wasseransammlung, die u. a. mit einem Hirntumor einhergeht

Prostaglandine: Gewebshormone, die unter anderem Entzündungen im Körper auslösen können, jedoch noch eine Vielzahl weiterer Funktionen haben

Topoisomerasen: Enzyme, die an der Replikation des Erbguts (der DNA) beteiligt sind. Sie tragen u. a. auch dazu bei, dass sich Krebszellen vermehren.

Register